KB162769

왜 박지원은
『열하일기』를
썼을까?

41
역사공화국
한국사법정

교과서 속 역사 이야기, 법정에 서다

왜 박지원은 『열하일기』를 썼을까?

박지원 vs 심환지

글 정명섭 · 장웅진 | 그림 이일선

|주|자음과모음

16세기와 17세기에 걸쳐 조선은 엄청난 혼란에 직면했습니다. 왜놈이라고 천시하던 일본의 대대적인 침략으로 온 국토가 전쟁터가 되었고, 불과 30년도 지나지 않아서 북방 여진족의 침략을 받았습니다. 특히 여진족의 누르하치가 세운 후금에서는 그 아들 홍타이지가 1636년에 국호를 청으로 바꾸고 조선에 쳐들어왔습니다. 이듬해 1월에는 조선의 인조가 삼전도에서 무릎을 꿇고 청나라에 항복하였습니다. 기세를 올린 여진족은 1644년 베이징을 함락하고 명나라를 멸망시켰습니다. 힘에 굴복한 조선은 명나라 대신 이제 청나라를 섬겨야 했습니다. 야만인이라고 얕보던 여진족을 명나라 대신 섬겨야 한다는 사실은 조선의 지식인들에게 엄청난 충격을 주었습니다.

두 차례의 전란을 겪은 조선은 농토가 피폐해지고 농민층이 몰락하는 등 위기감이 높아지고 있었습니다. 우리가 실학이라고 부르는 학문과 실학자들은 이런 환경에서 태어났습니다. 어려운 현실을 외면한 채 권력 투쟁과 당쟁에만 열중하는 집권층을 비판적인 시각으로 바라본 일단의 선비들이 다른 방식을 통해 문제점을 해결하려고 시도했던 겁니다.

정권에서 소외된 남인계 선비들 중 일부가 정신적인 면에 치중하는 기존의 성리학을 비판하는 한편, 국가를 부흥시키기 위한 여러 가지 방안들을 연구했습니다. 이들은 주로 농촌을 안정시키기 위해 토지 제도를 개혁하고 법률의 공정한 시행 등을 통해 문제를 해결하자고 주장했습니다. 『반계수록』을 쓴 유형원과 『성호사설』을 쓴 이익 등이 중심이 된 이들은 경세치용 학파, 혹은 중농학파라고 부릅니다.

또한 사신 등으로서 청나라를 다녀온 집권 노론계의 선비들 사이에서도 청나라와 서양의 제도와 기술 등을 도입해서 조선의 문제점들을 해결하려는 움직임이 시작됩니다. 이들은 주로 상업을 발전시키고 유통을 촉진시켜서 백성들을 잘살게 하자는 주장을 폈습니다. 대표적인 인물로 『열하일기』의 저자로 유명한 박지원과 『북학의』를 쓴 박제가, 홍대용 등이 있습니다. 이들은 북학파, 이용후생 학파, 혹은 중상학파라고 분류됩니다.

마지막으로 제도의 개선이나 문물의 도입 등을 통한 부국강병을 주장하던 실학을 하나의 학문적 체계로 만든 실학자들이 있습니다. 이들 역시 정신적인 면을 강조하고 옛것을 숭상하는 성리학자들을

왜 박지원은 『열하일기』를 썼을까?

비판하고, 객관성과 실증주의를 주장했습니다. 추사체로 유명한 김정희가 대표적인 학자인데, 이들을 실사구시 학파라고 부릅니다.

조선 후기에 실학이 탄생한 것은 결코 우연의 일치가 아닙니다. 위기의식을 가진 실학자들은 자신들만의 해결책을 제시했습니다. 성리학이라는 학문에 안주하지 않고 이를 극복하려는 움직임이 있었다는 점도 높이 평가받아야 마땅합니다.

이렇게 얘기하니까 몹시 딱딱하고 어렵죠? 마침 역사공화국 한국사법정에서 실학자들이 과대평가 되었다는 주장과 함께 소송이 제기되었군요. 교과서나 참고서가 알려 주지 않는 흥미로운 이야기들이 나오는 재판이 될 것 같은데 우리 다 함께 지켜볼까요?

정명섭, 장웅진

차례

왜란과 호란을 겪은 후, 17세기 후반 조선에서는 성리학에 대한 반성이 일기 시작했다. 청에서 전해진 고증학과 서양 과학 기술의 영향을 받으며 실질적이고 실용적 학문인 실학에 대한 탐구가 시작되었다.

중학교	역사	VI. 조선 사회의 변동 　3. 실학자들은 어떤 사회를 추구하였는가? 　　－실학의 대두
		VI. 조선 사회의 변동 　3. 실학자들은 어떤 사회를 추구하였는가? 　　－중농학파와 중상학파

18세기 들어 실학은 그 폭이 더욱 확대되었다. 실학자들은 농업을 중시하고 토지 제도를 개혁해야 한다는 중농학파와 상공업을 장려하고 기술을 개발해야 한다는 중상학파로 나뉘게 되었다.

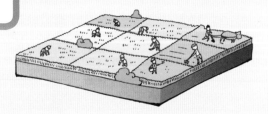

실학자들의 관심과 비판은 민족의 전통과 현실에 대한 탐구로 확대되면서 우리의 역사, 지리, 언어, 풍속 등 국학에 대한 연구가 활발해졌다. 역사 연구에서는 안정복, 유득공이 활동하였다. 이익의 제자인 안정복은『동사강목』을 저술해 고조선부터 고려 말까지의 우리 역사를 정리했으며, 유득공은『발해고』에서 발해를 우리의 역사로 다루었다.

실학은 자유로운 비판 정신을 바탕으로 학문을 연구하고, 그 성과를 실생활에 활용하려는 실사구시의 학문이었다. 그러나 실학자들은 대체로 일생을 학문에만 힘써 온 학자들로 정치와는 거리가 멀어 그들의 개혁안은 국가 정책에 적극적으로 반영되지 못했다.

1688년	영국, 명예혁명
1689년	영국, 권리 장전 제정
1735년	청나라의 건륭제 즉위
1748년	몽테스키외, 『법의 정신』 저술
1757년	영국과 인도, 플라시 전투
1762년	루소, 『사회계약론』 저술
1769년	와트, 증기 기관 발명
1776년	미국, 독립 선언

1789년	프랑스, 대혁명 시작
1798년	나폴레옹, 이집트 원정
1804년	나폴레옹 1세 즉위(~1814)
1804년	『나폴레옹 법전』 제정
1806년	라인동맹 성립, 신성로마제국 멸망
1830년	프랑스, 7월 혁명
1840년	아편 전쟁 발발

원고 **심환지**

조선 후기 때 문신으로 정순 왕후가 수렴청정할 때 영의 정에 올랐던 만포 심환지라 하오. 실학자들의 노력은 가상하나, 그들의 주장은 대개 허무맹랑하고 현실에 맞지 않는 것들뿐입니다. 통치는 이상이 아니라 현실이라는 점을 잊지 않았으면 합니다.

원고 측 변호인 **이대로**

실학이 곧 정의이고, 실학자들이 불우한 천재라는 점은 명백한 오해입니다. 그들은 정상적인 방법으로 출세할 수 없자 다른 목소리를 내서 자기들의 존재감을 과시한 겁니다.

원고 측 증인 **채제공**

번암 채제공입니다. 정조 임금께서는 재능에는 적서의 차별을 둘 수 없다면서 서얼 출신의 학자들을 중용하셨습니다. 하지만 그것이 실학에 대한 찬성인지는 알 수 없습니다.

원고 측 증인 **정순 왕후**

영조 대왕의 부인 정순 왕후입니다. 정조 임금이 죽고 어린
순조를 대신해서 수렴청정할 때 신유박해를 일으킨 것으
로 많은 비난을 받고 있습니다. 하지만 당시 조선 사회에서
천주교는 너무나 위험한 종교였습니다. 실학자라 자처하는
자들이 그런 나쁜 종교를 받아들이는 데 앞장섰지요.

원고 측 증인 **제임스 팔레**

조선사를 연구한 제임스 팔레 교수입니다. 저는 실
학이 근대성을 가지고 있지 않다고 믿습니다. 이번
재판에 증인으로 나가서 이 문제에 대해 자세히 설
명해 드리겠습니다.

피고 **박지원**

연암 박지원입니다. 제가 청나라 문물의 도입을 주장한 것은 조선의 가난과 백성들의 곤궁함을 봤기 때문입니다. 하지만 지배층은 아무런 해결책도 내놓지 못한 채 정쟁에만 몰두했지요. 실학을 연구하고 『열하일기』를 쓴 것도 헛된 명성이나 관직을 얻기 위함이 아니었습니다. 만약 그랬다면 양반들의 행태를 비판하고 조정을 비웃는 「허생전」 같은 소설을 썼겠습니까? 답답할 뿐입니다.

피고 측 변호사 **김딴지**

김딴지 변호사올시다. 조선 후기에 실학이 등장한 것은 지배층의 무능과 부패 때문입니다. 이를 보다 못한 일부 지식인들이 백성들을 구하려는 마음에서 연구한 결과가 바로 실학입니다. 이번 재판을 통해 실학의 의의에 대해서 조목조목 얘기할 생각입니다.

피고 측 증인 **유형원**

『반계수록』을 쓴 반계 유형원입니다. 제가 살았던 당시 조선은 병자호란의 상처를 치유하는 중이었지만 제대로 된 대책을 내놓지는 못했습니다. 저는 토지 제도부터 과거 제도까지 폐단으로 물든 제도의 전면적인 개혁을 주장했습니다.

피고 측 증인 **박제가**

『북학의』를 쓴 초정 박제가입니다. 우리가 머리를 맞대고 연구를 하고 책을 통해 여러 가지 대안을 제시한 이유는 조선을 사랑했기 때문입니다. 그런데 고루한 경전에만 매달린 양반들은 우리를 무조건 배척만 할 뿐이니 안타깝기 그지없습니다. 마침 제 스승님에 대해 소송을 걸었다고 하니 증인으로 나가서 그동안 못한 얘기들을 하겠습니다.

피고 측 증인 **홍대용**

조선 최초로 지구가 돌고 있다는 자전설을 주장한 담헌 홍대용입니다. 우리가 청나라에 대해 오랑캐니 야만인이니 떠드는 동안 저들은 부지런히 길을 닦고 다리를 놓고 상업을 부흥시켜 백성들의 삶을 풍족하게 만들었습니다. 그런데 조선은 날로 퇴보하고 있으니 안타까운 마음뿐이었습니다.

피고 측 증인 **정약용**

다산 정약용입니다. 우리가 조선의 문제점을 지적하고 그것을 타파하고자 노력했을 때, 지배층은 이를 자신들에 대한 도전으로만 받아들였습니다. 덕분에 실학자들은 정조 임금께서 승하하신 뒤 혹독한 탄압을 받았습니다.

『열하일기』라? 흥미롭겠군!

"자자, 조용히 해 주시기 바랍니다. 지금부터 영혼들을 위한 성리학 세미나를 시작하겠습니다."

갓을 쓴 도포 차림의 영혼이 입을 열자, 의자에 앉은 채 웅성대던 영혼들이 입을 다물었다.

"그럼 첫 번째 강사를 모시도록 하겠습니다. 많은 박수 부탁드립니다."

우레와 같은 박수 소리와 함께 첫 번째 강사가 영혼들 앞에 모습을 드러냈다. 강사는 갓과 도포 대신 짧게 깎은 머리에 간편한 옷차림을 하고 있었다. 이를 본 영혼들이 술렁이자, 분위기를 눈치챈 강사가 말했다.

"제가 입은 옷이 눈에 거슬리십니까? 하지만 상투를 틀지 않으니

머리가 지저분하지 않고, 치렁치렁한 도포를 입지 않으니 움직임이 편합니다."

"명색이 선비가 뭐하는 짓이오!"

강사의 말에 영혼들 중 흰 수염을 길게 드리운 영혼이 버럭 화를 냈다.

"편리함이 눈앞에 있는데 외면하다니, 무엇 때문입니까? 저승에 와서 직접 보시지 않았습니까? 긴 소매보다는 짧은 소매가 편하다는 것을 말입니다."

"우리가 저승에서조차 상투를 틀고 도포를 고수하는 연유를 진정 모른단 말이오? 이승 사람들이 헌신짝처럼 버리는 성현의 가르침을 지키고자 했던 사대부 영혼들의 마음을 이렇게 무시해도 되는 겁니까?"

"옳소!"

나이 든 선비의 반박에 상투를 튼 다른 영혼들이 동조했다. 하지만 구석에 앉아 있던 몇몇 영혼들이 반박했다.

"일단 얘기는 들어 봅시다."

"얘기는 무슨 얘기! 승자들의 마을에 머물고 있다고 건방지게 어디서 훈계야!"

"여러분 진정들 하시고⋯⋯."

사회를 보던 영혼이 황급히 만류했지만 양쪽의 말다툼은 급기야 몸싸움으로 번졌다. 아수라장이 된 장소를 간신히 빠져나온 강사가 한숨을 돌렸다.

"그러니까 영혼들을 위한 성리학 세미나에서 봉변을 당하셨다 이 말씀이시군요."

김딴지 변호사의 말에 실학자 박지원은 어깨를 가볍게 으쓱했다.

"그 정도라면 여길 찾아오지도 않았을 겁니다."

그리고는 품속에서 봉투를 하나 꺼냈다. 김딴지 변호사가 봉투를 열어 보더니 말했다.

"저런, 심환지라는 양반이 한국사법정에 소송을 걸었군요."

"네, 이번 기회에 저를 비롯해서 눈엣가시처럼 여기던 실학자들을 패자들의 마을로 보내서 입을 다물게 할 속셈인 것 같습니다. 그래서 급히 재판을 대신해 줄 변호사들을 알아봤는데 다들 바쁘다고 해서……."

"그럴 겁니다. 최근에 소송이 늘어나서 말이지요."

"재판이 코앞인데 변호사를 선임하지 못해서 걱정이 이만저만이 아닙니다. 이 소송을 맡아 주시면 감사하겠습니다."

"그게 말입니다……."

김딴지 변호사는 상대방의 간절한 눈빛을 애써 외면한 채 말했다.

"제가 조선사 쪽 전공이 아니라서 말이지요. 게다가 재판을 하게 되면 분명 성리학이니 실학이니 하는 어려운 얘기가 나올 게 뻔한데, 저는 거기에 대해서 도통 아는 바가 없습니다. 죄송하지만 다른 변호사를 찾으시는 게 좋겠습니다. 제가 괜찮은 변호사를 한 명 소개해 드리지요."

"혹시 저를 고소한 측이 선임한 이대로 변호사가 무서워서 그러시

왜 박지원은 『열하일기』를 썼을까?

는 거 아닙니까?"

"네? 무슨 그런 말씀을⋯⋯."

"저를 고소한 쪽에서 그러더군요. 다른 사람은 몰라도 김딴지 변호사라면 틀림없이 이대로 변호사가 무서워서 소송을 맡지 않을 거라고 말이지요."

"천만에요. 그건 이대로 변호사가 퍼트린 헛소문입니다."

흥분한 김딴지 변호사의 말에 박지원이 싱긋 웃으며 말했다.

"그럼 이번 소송을 맡는 데 아무 문제가 없겠군요."

노림수
적당한 기회를 노려서 쓰는 술수를 뜻합니다.

"물론이지요. 제가 법정에서 이대로 변호사의 코를 납작하게 만들어 주고 말 겁니다."

"감사합니다. 그럼 김 변호사만 믿겠습니다."

그때서야 상대방의 노림수에 걸려들었다는 사실을 눈치 챈 김딴지 변호사는 어이없어 하며 웃었다.

"이미 얘기해 버렸으니 할 수 없군요. 근데 전 정말로 실학에 대해서 모른답니다."

"제가 살아 있을 때 쓴 책을 드리지요. 그것부터 시작하시면 됩니다. 그럼 잘 부탁합니다."

박지원은 테이블에 책을 한 권 놓고 사무실 밖으로 나갔다. 뒤통수를 벅벅 긁던 김딴지 변호사가 책을 집어 들고 소파에 드러누웠다.

"그래, 어떻게든 되겠지. 근데 책 제목이 『열하일기』네. 책을 준다더니 웬 일기장?"

조선 정조 때 청나라를 다녀온 박지원의 기행문집. 종래의 연행문과는 달리 새로운 경지를 개척한 『열하일기』는 독특한 문장력과 당시 사회를 신랄하게 풍자한 내용으로 걸작으로 손꼽힙니다.

실학의 등장과 발전

18세기 후반, 중국을 비롯한 동아시아 사회와 우리나라에서 성리학은 정치와 사회, 문화의 근본이 되는 원리로 통용되고 있었습니다. 특히, 조선에서는 학자는 물론이고 정치가들도 성리학만이 옳고 그 밖의 학문은 모두 그르다고 판단하여 불교는 물론이고 생활에 필요한 편리한 기술도 배척하고 억압하였습니다.

조선 후기, 양반 사회의 모순이 더욱 심화되고 임진왜란과 병자호란을 겪으면서, 조선에서는 성리학의 한계성을 자각하고 성리학 중심의 학문 활동에 대한 반성이 일어났습니다. 이에 일부 학자들 사이에서 이론과 형식에만 치우친 성리학을 비판하고, 현실 사회의 어려움을 해결하는 데 실질적인 도움이 될 수 있는 실용적이고 실증적인 학문을 탐구하려는 움직임이 나타나기 시작했지요.

정치·사회적으로는 붕당 정치가 파탄에 직면하면서 몇몇 가문이 정권을 독점하기에 이르렀고 많은 양반이 몰락하였습니다. 농업 기술의 발달로 농촌에서 부농이 생기는 한편, 농사지을 땅도 잃은 농민들은 더욱 가난해져 농촌을 떠나는 경우도 늘었습니다. 도시에서는 대상인이 등장하여 상공업을 지배하고 부를 축적한 반면, 영세 상인은 점차 몰락하는 등 여러 가지 사회적 모순이 드러나면서 사회 현실을 개혁하고자 실학이 서서히 등장하게 되었지요.

이러한 새로운 사회 문화 운동인 실학의 선구자는 이수광과 김육, 한백겸 등이었습니다. 이수광은 『지봉유설』을 지어 우리나라를 비롯한 중국 문화에 대한 이해의 폭을 넓혔으며, 김육은 대동법을 확대 실시하고 동전을 사용하게 하는 데 힘썼습니다. 또한 한백겸은 『동국지리지』를 지어 우리나라의 역사 지리를 치밀하게 고증하였습니다.

이후 실학은 농업 중심의 개혁론, 상공업 중심의 개혁론을 비롯하여 민생 안정과 부국강병을 목표로 폭넓게 확대되었으며, 18세기에 가장 활발히 발전하였습니다.

| 원고 | 심환지 | 대리인 | 이대로 변호사 |
| 피고 | 박지원 | 대리인 | 김딴지 변호사 |

청구 내용

나 심환지는 조선의 사대부 영혼들을 대표해서 박지원을 비롯한 실
학자들을 고발합니다. 실학자들은 과거제를 폐지하고 토지를 공평하
게 나누자는 말도 안 되는 논리를 폈습니다. 세상의 모든 제도는 하루
아침에 이루어진 것이 아니고, 이해관계가 복잡하기 때문에 단번에 바
꿀 수 없습니다. 또한 이들은 조선의 모든 문제의 근원이 놀고먹는 양
반들 때문이라고 하면서, 이들도 일을 해야 한다고 목소리를 높였습니
다. 하지만 이런 주장을 한 사람들치고 직접 장사했다는 사람을 보지
못했습니다. 사신을 따라 청나라에 몇 번 다녀와서는 그들의 것이 최
고인 양 무조건 받아들이자고 주장했습니다.

그런데 후대에 이런 자들이 실학자라고 추앙받고, 다른 선비들은 현
실을 외면하고 쓸데없는 허례허식에만 매달렸다는 비난을 듣게 되었
습니다. 저는 이번 재판을 통해 실학과 실학자들이 과대평가되었다는
사실을 증명하고 싶습니다. 또한 박지원을 비롯한 실학자들은 국가에
아무런 공이 없음에도 불구하고 승자들의 마을에서 지내는데, 이는 부
당하다고 생각합니다. 이에 저와 뜻을 같이하는 사대부 출신의 영혼들
과 함께 고소장을 제출하는 바입니다.

입증 자료

- 중학교 역사 교과서
- 고등학교 한국사 교과서
- 『열하일기』
- 『북학의』

  그 외 자료 추후 제출하겠음.

위 청구인 심환지

역사공화국 한국사법정 귀중

왜 조선 후기에 실학이 등장했을까?

교과연계

중학교 역사
Ⅵ. 조선 사회의 변동
　3. 실학자들은 어떤 사회를 추구하였는가?
　　─실학의 대두

1 균전론을 주장한 유형원

"어이구, 무슨 사극 찍나?"

법정에 들어오는 방청객들을 보던 판사가 중얼거렸다. 아닌 게 아니라 법정에 들어오는 영혼들 대부분이 갓을 쓰고 도포를 입고 있었다. 피고와 원고까지 모두 같은 차림이라, 판사와 서기, 그리고 양쪽 변호인들과 경위들을 빼면 온통 조선 시대 선비들뿐이었다.

"조선 시대 유학자들인가 봅니다. 저승에서는 편하게 입어도 되는데 조선 시대 영혼들은 꼭 저렇게 도포 자락을 휘날리고 다니더라고요."

서류를 정리하던 서기가 코끝으로 흘러내린 안경을 추켜올리면서 대답했다.

"아무튼 재미있는 재판이 되겠군."

조선 정조 때 실학자 박지원

서기와 얘기를 주고받던 판사가 시계를 흘끔 보고는 의사봉을 집어 들었다.

판사 자, 다들 조용히 해 주시기 바랍니다. 지금부터 역사공화국 한국사법정 심환지 대 박지원의 재판을 시작하도록 하겠습니다.

판사의 낭랑한 목소리가 재판의 시작을 알리자 법정 안은 조용해졌다.

판사 본 재판은 조선 후기 실학의 등장 원인과 참모습, 그리고 실학이 조선 후기 사회에 미친 파급 효과에 대해서 논의할 겁니다. 현재 실학의 등장과 발전은 대한민국 역사 교과서에서도 중요한 부분을 차지하고 있습니다. 그러니 양측 변호인들과 소송 당사자들은 최선을 다해서 재판에 임해 주실 것을 부탁드립니다. 그럼 재판을 시작하기에 앞서 양측 변호인들의 모두 발언을 듣도록 하겠습니다. 원고 측 변호인, 준비되셨으면 발언해 주세요.

판사의 발언이 끝나자 원고 측 변호인석에 앉아 있던 이대로 변호사가 자리에서 일어났다.

이대로 변호사 존경하는 재판장님, 그리고 방청객 여러분! 저는 지

왜 박지원은 『열하일기』를 썼을까?

나온 역사가 빚어낸 거대한 오해를 풀기 위해 이 자리에 나왔습니다. 그것은 바로…….

잠깐 뜸을 들인 이대로 변호사가 눈을 감은 채 자리에 앉아 있는 박지원과 김딴지 변호사를 흘끔 쳐다보고는 말을 이었다.

이대로 변호사 　실학이 후대의 필요성에 의해 어떻게 포장되었고 과대평가되었는지에 대한 겁니다.

이대로 변호사의 말이 끝나기가 무섭게 김딴지 변호사가 자리를 박차고 일어났다.

김딴지 변호사 　판사님! 지금 원고 측 변호인은 말도 안 되는 중상모략을 하고 있습니다.

판사 　반박할 게 있으면 모두 발언을 통해 하시기 바랍니다.

판사의 말에 머쓱해진 김딴지 변호사가 자리에 앉았다. 판사가 계속하라는 눈짓을 보내자, 이대로 변호사가 유창하게 설명을 이어 나갔다.

이대로 변호사 　우선 첫 번째 오해를 말씀드리겠습니다. ▶우리는 실학이 조선 후기, 그러니까 병자호란이 끝나고

교과서에는

▶ 임진왜란과 병자호란을 겪은 후, 17세기 후반에 들어와 조선에서는 성리학을 벗어나 현실 사회의 문제점을 바로 잡고 실용적이고 실증적인 학문인 실학에 대한 탐구가 시작되었습니다.

청나라가 중국을 차지한 17세기 중반부터 새롭게 등장한 사상으로 알고 있습니다. 성리학의 고루함을 비판하면서 나라를 발전시키자고 주장한 것으로 알려져 있지요. 여기까지가 우리가 아는 실학입니다. 그럼 우리가 모르는 실학은 뭘까요? 『조선왕조실록』에 실학이 첫 번째로 언급된 것이 언제인 줄 아십니까? 바로 조선이 개국한 직후인 태종 13년, 그러니까 서기 1407년 3월 24일 권근의 상소문에서였습니다. 이어서 세종 대왕과 성종 임금 때까지 많지는 않지만 종종 언급되었습니다.

판사　그러니까 실학이라는 학문이 17세기에 처음 등장한 게 아니라는 얘긴가요?

이대로 변호사　맞습니다. 오히려 영조 임금과 정조 임금 때에는 실학에 대해 언급하는 경우가 드물었습니다. 실학은 성리학이 존재하던 시대 내내 있었습니다. 사실 실학이라는 것은 실용적인 학문, 실용성이 강한 학문이라는 뜻입니다. 조선 초기에 이미 이렇게 실학에 대한 개념이 정립되었습니다. 물론 조선 후기의 실학자들이 국가의 위기를 극복하려고 노력했다는 점은 인정합니다. 하지만 어느 시대에나 위기론은 존재했고, 그에 대한 해결책으로 경장(更張), 즉 일종의 개혁을 주장하는 목소리도 늘 존재했습니다. 일례로 임진왜란 당시 금산에서 일본군과 싸우다 전사한 의병장 조헌은 선조 7년인 서기 1574년에 명나라의 제도를 도입해서 국정을 쇄신하자고 주장한 바 있습니다. 위기의식을 느낀 건 그들만이 아니었고, 해결책을 제시하면서 고치려고 노력했던 사람들 역시 존재했습니다. 그리고 저는 개인적으로, 조선 후기의 실학자들이 조선을 변화시키고자 하는 것보다는 자신들의 현실적인 불만, 즉 출세를 하지 못한 것에 대한 분노를 사회 체제에 대한 비판을 통해 드러낸 것이 아닐까 의심하고 있습니다.

김딴지 변호사   이의 있습니다! 원고 측 변호인은 지금 개인적인 추측을 마치 사실인 것처럼 주장해서 재판의 본질을 흐리고 있습니다.

판사   받아들이겠습니다. 원고 측 변호인은 주의해 주시기 바랍니다.

이대로 변호사   알겠습니다. 하지만 오늘날 조선 후기의 실학과 실학자들만이 높이 평가되고 있는 것은 후대의 시대적 필요성 때문이라는 점은 명백한 사실입니다. 저는 이렇게 후대의 필요성에 의해 쌓인 실학자들에 대한 편견들을 낱낱이 파헤쳐 진실을 밝혀내겠습니다. 이상입니다.

   이대로 변호사의 발언이 끝나자 방청석에 앉은 영혼들이 일제히 박수를 쳤다. 판사가 그들을 제지하고 김딴지 변호사를 쳐다봤다.

판사   피고 측 변호인은 모두 발언을 해 주시기 바랍니다.

김딴지 변호사   네, 원고 측 변호인의 얘기는 억지와 **궤변**으로 이루어진 비겁한 변명입니다.

궤변
논쟁에서 상대편을 무찌르기 위해 상대편의 생각을 혼란시키거나 화를 내게 유도하려고 꾸며 낸 말을 뜻합니다.

김딴지 변호사도 강하게 나갔다. 이대로 변호사가 별다른 반응을 보이지 않자 계속 말을 이어갔다.

교과서에는

▶ 국력이 더욱 커진 후금은 국호를 청으로 바꾼 뒤, 조선에 임금과 신하의 관계를 맺기를 요구하였습니다. 조선이 이를 거부하자 청 태종은 10여만 명의 군대를 이끌고 쳐들어왔고 이를 병자호란(1636)이라 합니다.

▶▶ 청나라가 한양을 점령하자 인조는 남한산성으로 들어가 항전하였으나, 결국 청의 요구를 받아들이고 삼전도에서 굴욕적인 강화를 맺게 되었습니다.

삼전도비

김딴지 변호사　물론 실학이라는 뜻이 조선 후기에 처음 나타난 것은 아닙니다. 하지만 다른 시대의 실학과 조선 후기의 실학은 근본적인 차이가 있다는 점을 간과해서는 안 될 겁니다. ▶1592년에 발발한 임진왜란의 상처가 채 가시기도 전인 1636년에 청나라를 건국한 여진족이 조선으로 쳐들어왔습니다. 그리고 불과 두 달 만에 남한산성에 있던 인조의 항복을 받아 내고 조선을 굴복시켰습니다. 임진왜란만큼 오래 싸우지는 않았지만, 물질적·정신적 피해는 그에 못지않았습니다. ▶▶당시 청나라의 수도였던 선양으로 끌려간 백성이 수십만 명이었고, 무엇보다도 인조가 청나라의 황제인 홍타이지에게 무릎을 꿇어야 했으니까요. 거기다 한술 더 떠서 청나라는 1644년에 명나라를 멸망시키고 중원의 새 주인이 됩니다. 항복한 것도 모자라 이젠 사대를 해야 하는 처지에 몰린 것이지요. 하지만 충격을 받은 조선의 지도층은 피해를 수습하는 것을 외면해 버립니다. 너무 큰 충격을 받아서 마음의 문을 닫아 버린 것입니다.

　김딴지 변호사의 말이 이어지자 이대로 변호사가 즉각

반박했다.

이대로 변호사　이의 있습니다. 지금 피고 측 변호인은 구체적인 증거 없이 일방적인 주장을 하고 있습니다.

김딴지 변호사　판사님, 혹시 삼정(三政)의 문란이라는 얘기를 들어 보셨습니까?

판사　음……, 자세히는 모르겠군요.

갑작스러운 질문에 판사가 제대로 대답하지 못하자 김딴지 변호사가 기다렸다는 듯 말을 이어 갔다.

김딴지 변호사　세종 대왕 때 조선의 **전결(田結)**은 약 170만 결이었습니다. 하지만 임진왜란 이후에는 60만 결로 축소됩니다.

판사　그거야 전쟁 통에 농토가 망가져서 그런 거 아닙니까?

김딴지 변호사　맞습니다. 하지만 이 전결이 다시 원상 복구된 건 임진왜란과 병자호란이 끝나고 한참 뒤인 영조 임금 때였습니다. 아무리 전쟁 때문에 농토가 망가져도 100년 넘게 농사를 못 짓는다는 게 말이나 됩니까? 사실은 토지 문서가 전쟁 때문에 없어지면서 국가에서 파악할 수 있는 토지가 줄어들었던 것이지요. 농경 국가인 조선에서 세금을 걷을 수 있는 토지가 줄었다는 것은 결국 세금이 그만큼 덜 걷힌다는 의미이지요. 그러니까 300만 원을 받던 월급쟁이가 100만 원밖에 못 받게 되었다는 겁니다. 그나마 제대로 원상 복구된 것도 아니었습니다.

판사　왜요? 토지가 다시 원상 복구되면 문제가 해결되는 것 아닙니까?

김딴지 변호사　그때쯤 되면 아까 말씀드린 삼정의 문란이 극에 달하게 됩니다. 삼정이란 전정, 군정, 환정을 일컫는 말인데요, 자세한 설명을 하자면 너무 길어질 테니까 짧게 설명드리겠습니다. 전정은 토지에 관련된 세금을 뜻하고, 군정은 **군역**과 관련된 세금, 환정은 생활이 어려운 백성들에게 빌려 주는 **환곡**과 관련된 세금을 뜻합니다. 중간에 관리들이 세금을 빼돌리는 일이 많아지면서 백성들의 부담은 늘어난 반면, 국가 재정은 허약해지는 상황이 발생했습니다. 한마디로 총체적인 위기 상황이었던 것이지요. 그런데 국왕을 비롯한 조정 관리들은 해결책을 내놓기는커녕 이 문제를 외면하고 방치했습니다. 이 시기에 실학자라고 불리는 일단의 지식인들이 목소리를 높인 이유는 벼슬 한 자리라도 차지해 보려는 것이나, 출세를 못한 것에 대한 불평불만이 아니라, 쇠약해져 가는 나라의 앞날을 걱정한 우국충정이었습니다. 저는 이번 재판을 통해 이 점을 명백히 밝힐 것을 약속합니다.

김딴지 변호사의 **열변**이 끝나자 방청석 한구석에서 박수 소리가 들려왔다. 김딴지 변호사에게 자리에 앉으라고 지시한 판사가 말했다.

군역
군 복무를 하거나 군 부대에서 일하는 것을 뜻합니다.

환곡
식량이 부족한 봄에 백성들에게 빌려 준 다음 가을에 이자를 쳐서 받는 곡식입니다.

열변
사리를 밝혀 옳고 그름을 따지는 말을 뜻합니다.

판사　양측 발언 잘 들었습니다. 그럼 본격적인 재판에 들어가도록 하겠습니다. 먼저 피고 측 증인을 소환하도록 하겠습니다. 피고 측 증인은 들어와 주시기 바랍니다.

　　판사의 말이 끝나기가 무섭게 법정의 문이 열리고 풍채가 당당한 중년의 선비가 들어섰다.

판사　오시느라 수고하셨습니다. 선서를 하시고 증인석에 앉아주시기 바랍니다.

유형원　선서! 나 유형원은 이 자리에서 오직 진실만을 말할 것을 엄숙히 선서합니다.

판사　감사합니다. 자리에 앉으셔도 좋습니다. 피고 측이 신청한 증인이니까 먼저 신문하시기 바랍니다.

김딴지 변호사　감사합니다. 우선 간단한 본인 소개를 부탁드리겠습니다.

유형원　제 소개를 직접 하려니 쑥스럽군요. 저는 1622년 문화 유씨 집안에서 태어났습니다. 어릴 때 아버지를 여의고 친척 분들에게서 글을 배웠지요. 과거를 보려고 했지만 집안에 초상이 겹치는 바람에 여의치 않아 포기하고 전라도 부안에 은거해서 글을 쓰다가 1673년에 생을 마감했습니다.

김딴지 변호사　증인은 실학자들 중에서도 중농학파(重農學派), 즉 경세치용 학파(經世致用學派)로 분류됩니다. 어떤 학파이고 누가 속해 있는지 간단하게 설명해 주십시오.

유형원　　후대의 분류이긴 하지만, 저를 비롯해서 다산 정약용, 성호 이익 선생 등을 중농학파로 부릅니다. 조선은 농업 중심 국가로 백성들 대부분이 농민이었습니다. 당시 조선이 처한 모든 문제의 근원에는 토지 제도의 문란이 있었습니다. 이로 인한 백성들의 고통은 이루 말할 수 없었지요. 그래서 저는 토지 제도의 개혁을 최우선 목표로 두었습니다.

김딴지 변호사　　그 외에도 과거제를 비롯한 제도의 개혁까지 폭넓게 주장하셨던 것으로 알고 있습니다만……

유형원　　제도를 개혁하고 정착시키기 위해서는 한두 명의 힘만으로는 안 됩니다. 토지 제도를 개혁하고 이를 정착시키기 위해서는 조정 관료는 물론 지방의 수령들까지 힘을 합해야 하기 때문에 그런 주장들을 한 것입니다.

김딴지 변호사　　증인께서는 20년이 넘는 기간 동안 글을 쓰면서 정치는 물론 경제와 군사, 교육까지 여러 부문에 대한 개혁 방안들을 내놨습니다. 증인이 저술한 『반계수록』에는 이런 생각들이 집대성되어 있는데요. 증인이 이렇게 전면적인 제도 개혁을 주장한 원인은 무엇입니까?

유형원　　그래야 할 만큼 위기 상황이었으니까요. 제가 열다섯 살 때 병자호란이 터지고, 인조 임금께서 오랑캐에게 무릎을 꿇으셨습니다. 백성들은 잡혀가고, 내일 나라가 망해도 이상하지 않을 정도로 위기가 계속되는데도 아무도 해결책을 내놓지 않았습니다. 이런 문

『반계수록』
조선 중기 때 학자 유형원이 통치 제도에 관한 개혁안을 논한 책입니다.

집대성
여러 가지를 모아 하나의 체계를 이루어 놓았다는 뜻입니다.

사대부
벼슬이 높거나 유명한 양반들을
뜻합니다.

탐관오리
백성들의 재물을 빼앗는 포악한
관리를 뜻합니다.

제에는 **사대부**들이 앞장서야 하는데, 그들은 백성들이 몸과 마음이 바르지 않아서 화를 당했다는 식으로 현실을 외면했습니다. 덕분에 백성들은 빈곤의 늪에 빠져 허덕였고, **탐관오리**들은 자신들의 배만 불렸던 겁니다.

김딴지 변호사   그러니까 현실을 외면하는 지배층을 대신해서 문제에 대한 해결책을 찾으려고 노력했던 것이군요.

유형원   그렇습니다. 사람이 마음을 갈고 닦는 것도 중요하지만, 굶주림을 면하는 것도 그에 못지않게 필요한 일입니다. 저는 백성들이 먹을 것이 없어서 굶주리고 고통 받는 광경을 직접 눈으로 봤습니다. 하지만 조선의 양반들은 그런 문제들을 살피려 하지 않았습니다. 그래서 답답한 마음에 제 생각들을 정리해서 글로 남겼던 겁니다.

소작농
다른 사람의 농지를 빌려 농사를 지으면서 일정한 소작료를 내는 농민을 뜻합니다.

김딴지 변호사   ▶증인께서는, 양반들이 토지를 독점하는 것을 막고 백성들에게 똑같이 나누어 주는 균전론(均田論)을 주장했습니다. 또한 과거제를 없애고 추천제를 도입할 것을 얘기하셨지요. 후대에는 증인을 실학의 시조이자 중농학파, 즉 경세치용 학파의 핵심으로 보고 있습니다. 토지 제도의 개혁에 관심을 많이 가지신 이유는 무엇입니까?

유형원   조선은 예로부터 농업을 으뜸으로 삼았던 나라입니다. 농사를 짓는 농민들이 나라의 근본이었지요. 그런데 양반들이 토지를 마구잡이로 늘리면서 농민들이 소작농으로 전락하고, 결국은 먹을 것을 찾아 떠돌게 되었습니다. 이들이 내는 세금이 줄어들면서 나라의 재정이 허약해지고 군역을 지는 농민이 줄어 군대도 허약해진 겁니다. 농민들이 안정적으로 농사를 짓고 세금을 제대로 낼 수만 있다면 조선이 다시 부강해질 거라고 믿었습니다.

이대로 변호사   농민의 땅을 사들인 양반이 세금을 내면 되지 않습니까?

유형원   원칙적으로는 그 말이 맞습니다. 하지만 땅을 사들인 양반들은 수단과 방법을 가리지 않고 세금을 내지 않거나 소작농이 된 농민에게 전가했습니다. 그 부담을 못 이긴 백성들이 땅을 버리고 유랑민이 되면서 나라의 재정

교과서에는

▶ 농업 중심 개혁론의 선구자인 유형원은 관리, 선비, 농민 등 신분에 따라 토지를 차등 있게 재분배하고 조세와 병역도 조정할 것을 주장했습니다.

이 더욱 허약해진 겁니다.

김딴지 변호사　그러니까 현실을 외면한 지배층 대신 해결책을 찾으신 거군요. 그런데 토지의 독점을 막고 과거제 폐지 같은 걸 주장하면 다른 양반과 선비들이 좋아하지 않았을 것 같은데요?

유형원　저는 헛된 명성을 쌓고 출세하려고 학문을 연구한 게 아닙니다. 잘못된 것을 고치는 것은 선비의 당연한 자세입니다.

김딴지 변호사　일부에서는, 실학자들이 출세를 하지 못하자 분풀이 식으로 실학을 주장했다는 말도 있던데요.

유형원　허허허, 그렇게 보일 수도 있겠군요. 하지만 제가 출세에

목을 맸다면 아마 과거를 봤든지 권력가 집에 문턱이 닳도록 드나들었겠지요. 무엇하러 한적한 시골에서 책이나 썼겠습니까? 그리고 제가 쓴 책은 제가 죽고 나서 100년 후에나 출간되었지요.

김딴지 변호사 말씀 잘 들었습니다. 존경하는 판사님, 그리고 방청객 여러분, 증인으로 나오신 유형원 선생의 얘기를 듣고 어떤 생각을 하셨습니까? 물론 유형원 선생을 비롯한 실학자들과 그들이 연구한 학문이 후대의 어떤 필요성에 의해 좋은 평가를 받았을 수도 있습니다. 하지만 그것이 꼭 잘못되었거나 문제가 있다는 뜻일까요? 뒤늦었지만 그들의 주장이 맞다고 인정했기 때문일 수도 있지 않을까요? 그리고 대개 실학자들의 주장은 지배층의 지지를 받기 어려운 것들이었습니다. 원고 측에서는 그걸 출세를 못한 데 따른 분풀이라고 하셨지만, 증인이 쓴 『반계수록』은 무려 26권 분량의 전집이었습니다. 설사 원고 측 주장대로 사회에 대한 불만 때문이었더라도 이렇게 체계적으로 오랜 시간을 들여서 어떤 주장을 했다면 귀를 기울여야 하지 않았을까요? 이런 식으로 개혁에 대한 목소리를 무시했기 때문에 오늘날 실학자들이 더 높은 평가를 받는 게 아닌가 싶습니다. 이상으로 증인 신문을 마치겠습니다.

판사 수고하셨습니다. 원고 측 반대 신문 하시겠습니까?

이대로 변호사 네, 증인이 주장한 토지제도를 한 마디로 요약하자면 토지를 농민들에게 똑같이 나눠주자는 것 아닙니까? 하지만 개인의 재산권을 무시한 그런 과격한 주장이 받아들여질 수 있다고 믿으셨습니까?

유형원   사람이 불행한 것은 개인들의 욕심을 앞세우기 때문입니다. 욕심이라는 것은 절대 충족될 수 없는 것이지요. 양반의 토지 독점은 그야말로 나라를 좀먹는 큰 폐단입니다. 자기 땅을 가진 농민이 내는 세금으로 나라의 재정을 충당하고, 농민들 중에서 병사를 뽑아 군대를 만들어야 합니다. 그런데 농민들이 땅을 잃고 빈민이 되면서 나라의 재정이 허약해지고 군대에 갈 사람도 없어졌습니다. 개인의 욕심을 지켜 주기 위해 많은 백성을 희생시키고 나라가 약해지는 것을 무시할 수는 없습니다.

유형원의 당당한 말에 방청석에 앉은 선비들까지 동조의 빛을 띠었다. 하지만 이대로 변호사는 계속 질문을 던졌다.

이대로 변호사   물론 그 생각이 틀렸다고 얘기하는 것은 아닙니다. 하지만 농민들에게 일정한 크기의 땅을 나눠 주자는 균전제는 토지의 개인 소유라는 개념이 명확해진 조선 후기에는 설득력을 갖기 어렵다는 얘깁니다. 다른 농민들에게 나눠 주기 위해 땅을 내놓으라고 한다면 어느 누가 순순히 내놓겠습니까? 그리고 어떤 기준으로 얼마큼 나눠 주는 것이 적당할지 생각해 보셨습니까?

유형원   흠…….

이대로 변호사   그리고 부지런한 농민이 열심히 농사를 지어서 땅을 늘리려고 한다면 어떻게 막으실 겁니까? 전체를 위해 개인의 희생을 요구하는 제도는 증인이 사망하고 몇백 년 후에 공산주의라는

이름으로 시도되었습니다만 실패하고 말았습니다. 심지어 같은 실학자인 이익은 증인의 토지 개혁안에 상당히 부정적인 입장을 취했지요. 이렇듯 실현 불가능한 주장을 내세우면서 불평불만 때문에 그런 것이 아니라고 한다면 실학자는 헛된 꿈을 꾸는 몽상가라고 볼 수 있습니다. 증인은 정말로 이 제도가 시행될 수 있다고 믿었습니까? 그리고 제도가 시행되었다

공산주의
모든 재산과 생산 수단을 사회화하며, 사람들 간의 계급을 없애야 한다는 사상입니다.

사회주의
사유 재산 제도를 없애고 모든 재산을 사회화하여 자본주의 제도의 문제점을 극복하겠다고 하는 사상입니다.

병폐
깊이 뿌리내린 잘못과 폐단을 한꺼번에 이르는 말입니다.

면 모든 문제점이 없어졌을 거라고 장담하십니까?

이대로 변호사의 말에 김딴지 변호사가 반발했다.

김딴지 변호사   판사님! 원고 측 변호인은 증인과 아무 연관이 없는 사회주의 체제의 실패를 근거로 증인을 압박하고 있습니다.

판사   이의는 인정합니다. 하지만 증인은 변호사의 질문에 대답해 주시기 바랍니다.

김딴지 변호사가 씩씩대며 자리에 앉자, 증인석에 앉은 유형원이 천천히 입을 열었다.

유형원   저는 제가 살았던 시대의 문제들을 해결하기 위해 옛 제도로 돌아가자고 주장했습니다. 이건 꿈이자 바람이었습니다. 물론 토지를 농민들에게 균등하게 분배하자는 주장이 허황된 몽상일 수는 있겠지요. 하지만 당시 조선의 모든 병폐는 바로 토지의 독점과 그에 따른 농민들의 몰락에서 비롯되었습니다. 이게 현실이었습니다. 제가 주장한 제도가 시행될 수 있었을지 혹은 그것이 정답인지 장담하기는 힘듭니다. 꿈과 현실은 명백히 다르니까요. 그렇다고 해서 현실을 인정하고 문제 해결을 포기하는 것이 옳은 일일까요? 해답을 찾으려고 노력하고 대안을 제시하는 것이 바로 나라를 걱정하는 선비가 할 일입니다. 누군가 제 생각을 비판하고 이어받으면서 해결책을 찾으려고 노력했다는 사실, 전 그것으로 만족합니다.

이대로 변호사   끝까지 본인의 주장을 굽히지 않으시는군요. 좋습니다. 이걸로 반대 신문을 마치도록 하겠습니다.

판사   수고하셨습니다. 증인은 돌아가셔도 좋습니다.

증인석에서 일어난 유형원은 피고석에 앉은 박지원에게 기운을 내라는 눈빛을 던지고는 방청석에 앉았다.

서기에게서 서류를 넘겨받은 판사가 말을 이었다.

중농학파

17세기에 나타난 실학의 초기 학파로서, 훗날 청나라의 영향으로 상공업 발전을 강조한 북학파(北學派)가 이용후생 학파(利用厚生學派)로 불리는 것과 구분하기 위해 경세치용 학파라고도 불립니다. 벼슬길에 나가기를 포기하고 전라도 부안에 머물던 유형원이, 당시 농민들의 생활을 안정시키기 위한 토지 개혁 방안을 주장하면서 시작되었지요.

유형원의 토지 개혁 방안인 균전론은 나라에서 모든 토지를 거두어들인 뒤 농민들 모두에게 똑같이 나누어 주자는 내용입니다. 옛 사회주의 국가의 토지 몰수와 집단농장화 정책을 떠올리게 하는 이 방법은, 고대 중국의 한나라에서 관리나 부자가 일정한 크기 이상의 토지를 가지는 것을 금지한 한전법(限田法) 에서 비롯된 것입니다.

유형원 등 중농학파 학자들이 이런 주장을 하게 된 이유는, 큰 공을 세웠거 나 대대로 높은 벼슬을 했던 가문인 벌열(閥閱)들이 토지를 독점하고 농민들 을 수탈했기 때문입니다. 아울러 그렇게 얻은 이익으로 사치를 일삼으면서도, 농민들의 어려움은 외면했기 때문이기도 하지요. 그렇기 때문에 중농학파의 주장이 결과적으로 조선 사회의 여러 제도들을 개혁하자는 뜻으로 이어지면 서 실학이 본격적으로 시작되었습니다.

2 출셋길에서 멀어진 실학자

판사　다음으로는 원고 측 증인을 소환하겠습니다. 원고 측 증인은 나와서 증인 선서를 하시기 바랍니다. 원고가 직접 증인으로 나오는 건가요?

이대로 변호사　네, 제 의뢰인께서 이번 재판을 벌이게 된 이유를 법정에서 직접 밝히실 겁니다.

판사　뭐, 소송 당사자가 증인으로 나오지 말라는 법은 없으니까요. 원고는 증인석 앞에서 선서해 주시기 바랍니다.

심환지　어흠, 나 심환지는 본 법정에서 오직 진실만을 말할 것을 엄숙하게 선서합니다.

판사　좋습니다. 자리에 앉아 주시기 바랍니다. 원고 측 변호인은 신문을 시작해 주세요.

이대로 변호사　　조선 후기의 선비들을 대표해서 이번 소송을 제기하셨는데요. 사실 본인의 이미지를 생각하면 이렇게 나서기로 결심하기까지 큰 용기가 필요했을 것 같습니다만······.

심환지　　정조 임금과 정약용이 나오는 지상 세계의 소설이나 드라마에서 내가 종종 악역으로 나온다는 얘기는 들었습니다만, 뭐 어쩌겠습니까?

이대로 변호사　　최근에는 정조 임금이 증인에게 보낸 친필 편지가 화제가 되었는데요. 주고받으신 편지의 내용을 보면 적수라기보다는 국정 운영의 파트너처럼 보였습니다.

왜 박지원은 『열하일기』를 썼을까?

심환지 정치라는 게 다 그런 겁니다. 사람들은 내가 사도 세자의 죽음이 정당하다고 주장한 벽파였기 때문에 그 아들인 정조 임금과 사이가 나빴을 것이라고 추측합니다만, 정말 사이가 나빴다면 조정에서 욕을 먹는 대신 사약을 받았겠지요. 정치라는 것은 떡 먹을 욕심으로 가득 찬 다섯 명에게 떡 하나를 던져 주고 잘 무마시키는 것과 같습니다. 무릇 양반으로서 인정을 받으려면 관직에 올라야 합니다. 그런데 자리는 한정되어 있으니 다툼이 있을 수밖에요.

이대로 변호사 조선 후기, 그러니까 증인이 조정 관료로 있을 때 실학과 실학자들의 움직임이 두드러졌습니다. 앞서 증인으로 나온 유형원은 전쟁을 겪고 난 뒤 백성들의 어려움을 외면한 지배층을 대신해서 대안을 마련했다고 주장했습니다.

이대로 변호사의 말에 심환지가 반박했다.

심환지 관직에 올라 본 적도 없고 벼슬을 살며 실제로 통치를 해 본 적도 없는 이가 뭘 안다고 국가의 백년지대계(百年之大計)를 논한답니까? 앞서 나온 선비가 과거제를 없애고 추천제를 도입하자고 주장한 것으로 알고 있습니다. 과거 제도가 문제가 된 것은 공정한 실력이 아니라 가문과 당파에 의해서 당락이 좌우되었기 때문입니다. 그런데 그걸 추천제로 바꾼다면 문제가 당장 해결될 것 같습니

백년지대계(百年之大計)
먼 미래를 내다보고 세우는 계획이라는 뜻입니다.

당파
주장이나 생각, 이해관계를 함께 하는 사람들끼리 모여서 만든 단체나 집단이라는 뜻입니다.

당락
합격과 불합격을 아울러 이르는 말입니다.

까? 추천권을 가진 사람이 누굴 추천할지 불을 보듯 뻔한데, 그나마 인재를 등용할 수 있는 과거제를 없애고 더 큰 폐단을 불러올 게 뻔한 추천제를 도입하자는 주장 자체가 얼마나 현실을 파악하지 못한 것인지를 드러내는 겁니다.

이대로 변호사   그렇군요. 그러니까 현실 정치에 참여해 본 경험이 없는 선비들이 허황된 주장을 한 거라는 말씀이시군요.

심환지   물론 선비가 자신의 뜻을 주장하거나 펴는 것은 무방합니다. 하지만 내 얘기를 듣지 않아서 나라가 망한다는 식으로 말하는 것은 거의 악담이나 다름없습니다. 누구나 이게 문제다, 저걸 고쳐야 한다 얘기하는 건 쉽습니다. 하지만 정치라는 건 절대 만만한 게 아닙니다. 눈에 보이는 것만 가지고 옳다 그르다 말하는 것은 좁은 소견을 스스로 드러내는 것에 지나지 않습니다. 항상 문제는 사람이었습니다. 제도가 아무리 좋은들 그걸 움직이는 사람의 마음이 곧지 못하면 아무 소용이 없는 법이지요.

이대로 변호사   그러니까 문제의 본질을 들여다보지 못했다 이 말씀이시군요.

심환지   그렇습니다. 출세하지 못한 선비들의 눈에 비친 조정은 혼탁하고 혼란스러웠을 겁니다. 자기가 하면 제대로 할 수 있다고 생각하는데 막상 기회가 오지 않으니까, 이게 문제고 저걸 뜯어고쳐야 한다고 목소리를 높인 것이지요. 나라를 위한 충정은 이해하지만 방법이 틀린 겁니다.

이대로 변호사   말씀 잘 들었습니다. 증인의 말씀대로 실학자들은 현실을 도외시한 채 제도 개혁만을 주장했습니다. 이것은 문제의 핵심을 이해하지 못한 것으로, 제도 개혁만으로 문제가 해결될 것이라고 믿는 것은 좋게 보면 몽상이고 나쁘게 보면 어리석다는 증거입니다.

이대로 변호사의 말에 김딴지 변호사가 자리를 박차고 일어났다.

김딴지 변호사   판사님! 원고 측 변호인은 감정적인 비난으로 제 의뢰인을 비난하고 있습니다. 즉각 제지시켜 주십시오.
판사   원고 측 변호인의 말하고자 하는 바는 알겠지만 발언이 과격하군요. 추가로 신문하실 건가요?
이대로 변호사   아닙니다. 신문을 마치겠습니다.
판사   좋습니다. 피고 측 변호인은 반대 신문을 하시겠습니까?

판사의 질문에 박지원과 잠깐 귓속말을 나누던 김딴지 변호사가 말했다.

김딴지 변호사   짧게 신문하겠습니다. 증인은 개혁을 주장한 사람들이 현실 감각이 부족한 몽상가들이었다고 얘기했습니다. 맞습니까?
심환지   그렇습니다.
김딴지 변호사   하지만 아까 증인으로 나온 유형원 선생의 경우 오랫동안 백성들의 삶을 지켜봤습니다. 그분의 개혁안이 주로 토지 제도와 과거제 같은 관리 임용 제도에 집중된 것 역시 그런 문제가 백성들의 삶과 직접적으로 연관되기 때문이라고 볼 수 있지 않습니까?

김딴지 변호사의 질문을 듣고 있던 이대로 변호사가 의자에서 일어나 항의했다.

이대로 변호사　판사님! 지금 피고 측 변호인은 질문을 유도하고 있습니다.

판사　인정합니다. 피고 측 증인은 유도성 질문을 삼가 주시기 바랍니다.

김딴지 변호사　그럼 질문의 내용을 조금 바꿔 보겠습니다. 증인은 실학자들이 대개 현실과 어긋난 주장을 펼쳤다고 하셨습니다. 하지만 실학자들은 백성들의 삶이 어떠한지 지켜본 경우가 많습니다. 이들의 주장이 받아들여지지 않은 건 현실적이지 않아서가 아니라, 지나치게 현실적이기 때문이 아니었습니까?

심환지　정치는 그런 말장난이 아니외다. 정조 임금은 뒤주에서 돌아가신 아버지 사도 세자에 대한 사랑이 애틋했습니다. ▶하지만 사도 세자의 죽음이 정당하다고 주장한 벽파에 속한 나를 정치의 파트너로 삼았습니다. 심지어 나에게 보낸 편지에는 벽파를 일컬어 '우리 편'이라고 일컫기도 했습니다. 실학자들의 주장이 현실적이라는 얘기

교과서에는

▶ 정조 때 사도 세자의 죽음을 둘러싼 시파와 벽파 간의 갈등이 심화되었습니다. 시파는 사도 세자의 잘못은 인정하지만 뒤주에 갇혀 죽게 된 것은 지나치다는 입장을 주장했으며, 벽파는 사도 세자의 죽음은 당연하다며 영조의 처분을 지지하는 입장을 보였습니다.

를 듣고 싶습니까? 물론이지요. 백성들이 굶주리고 고통에 빠져 있는 걸 본 선비라면 당연히 분노해야지요. 하지만 그렇다고 현실을 망각하고 몽상에 빠지라는 말은 아닙니다.

김딴지 변호사   당시 집권층이 실학자들의 주장에 대해서 일고의 가치도 없다며 돌아보지 않았기 때문에 실학이 더 오랫동안 관심을 받아 왔다고 생각하지는 않으십니까? 완고한 집권층이 현실을 외면했고, 용기 있고 양심적인 선비들이 자신들의 출세를 포기하고 백성들을 살리는 길을 찾았기 때문에 말입니다.

심환지   실학자들이라고 자처하는 자들 중에 임금과 조정 대신들 간에 어떤 일이 벌어지는지, 당파 간의 다툼이 어떻게 돌아가는지 아는 사람이 있었을 것 같습니까? 민주주의라는 게 정착된 지금 세상에도 정치는 모략과 술수가 판치는 공간입니다. 그런 내면을 들여다보지 못하고 작금의 현실만 살펴본 뒤, 제도를 고치고 폐지하는 것만으로 세상을 바꿀 수 있다고 생각하는 것은 무모하기 짝이 없는 일이오. 물론 그들이 현실과 타협하지 않아서 후대의 명성과 존경을 받은 점은 부럽소이다. 덕분에 다들 한 것도 없이 승자들의 마을에 머물고 있지 않습니까?

김딴지 변호사   원고는 역시 그때나 지금이나 본인 문제가 뭔지 모르시는군요.

김딴지 변호사의 말에 이대로 변호사가 항의하려고 했지만 심환지가 만류했다.

정치가 어떻게 돌아가는지도 모르는 학자들 같으니라고! 실학자들이야말로 탁상공론이나 일삼고 있다고!

실학서당

심환지　괜찮네. 어차피 정치에 발을 담근 이상 비난을 받는 건 당연하지. 이게 다 내 업보이니 어찌하겠나.

　심환지가 여유롭게 웃는 것으로 대응하자, 김딴지 변호사는 더 할 말을 찾지 못하고 우물쭈물하다가 판사에게 말을 건넸다.

김딴지 변호사　이것으로 반대 신문을 마치겠습니다.

판사　수고했습니다. 피고 측 변호인에게 한 말씀 드리겠습니다. 앞으로 반대 신문을 하실 때는 증인을 윽박지르거나 비난하는 일을 삼가 주시기 바랍니다. 증인은 돌아가셔도 좋습니다.

심환지　그럼 수고들 하시게.

　증인석에서 일어난 심환지가 원고석으로 돌아갔다. 서류를 넘긴 판사가 말했다.

판사　이제 피고가 신청한 증인 차례죠? 시간이 많이 지났으니까 양측 변호인들은 가급적 빨리 신문해 주시기 바랍니다. 증인 들어오세요.

　법정의 문이 열리고 다음 증인이 들어오자 피고석에 앉아 있던 박지원이 빙그레 웃었다. 증인 역시 박지원에게 눈인사를 건네고는 증인석 앞에 섰다.

과거제

과거제는 고려와 조선, 그리고 중국의 역대 왕조에서 이루어졌던 오늘날의 공무원 임용 시험과 비슷한 제도입니다. 중국에서는 수나라 때 시작되어 청나라 말기까지 시행되었으며, 우리나라에서는 고려 광종 9년인 서기 958년에 중국에서 귀화한 쌍기가 건의하면서 시작되어 조선 고종 31년, 즉 1894년 갑오경장 때까지 시행되었습니다.

과거 제도의 시행은 이미 관직에 나가 높은 자리에 있는 사람이 자신의 마음에 드는 사람을 관리로 뽑아 지배층을 강화하던 것을 막고, 능력 있는 인재들을 신분을 따지지 않고 모집하여 관리로 임용함으로써 사회가 공정하게 유지되는 효과가 있었습니다. 하지만 고려 때 이미 지배층의 자녀들에게 특혜를 주는 음서제(蔭敍制)가 나타났으며, 조선 시대에는 과거 시험과 관련한 부정부패가 심화되었습니다.

조선 말기의 우국지사인 매천 황현 선생이 고종 황제가 태어난 뒤의 우리나라 상황을 기록한 책인 『매천 야록』에 따르면, 과거를 담당한 관리들에게 적게는 1000냥에서 최고 1만 냥까지 내면 급제할 수 있었으며, 부유한 사대부나 지방 부유층 자제들이 가난하지만 똑똑한 선비들에게 돈을 주고 과거 시험장에 함께 가서 대신 시험을 보게 하는 일도 성행했다고 합니다.

『북학의』를 쓴 박제가

3

박제가　선서! 나 박제가는 이 법정에서 진실만을 말할 것을 굳게 다짐합니다.

판사　증인은 자리에 앉아 주시기 바랍니다. 피고 측 변호인 신문 시작해 주세요.

김딴지 변호사　이렇게 나와 주셔서 감사합니다. 우선 간단한 자기소개부터 부탁드리겠습니다.

박제가　간단히 말씀드리겠습니다. 제 이름은 박제가이고, 영조 22년, 그러니까 서기 1750년에 태어났습니다. 연암 선생님을 스승으로 모시고 지식을 쌓았고, 청나라의 문물을 받아들여서 조선의 백성들을 잘살게 하자고 주장했습니다.

김딴지 변호사　서기 1778년에 청나라를 다녀온 후 쓰신 책이 『북학의』였던 것으로 기억합니다. 이때부터 북학이라는 말을 썼던 것으로 알고 있는데요. 실학과 북학의 구분이 약간 애매합니다. 설명을 부탁드리겠습니다.

박제가   실학이 곧 북학이고, 북학이 곧 실학입니다. 북학은 조선의 사대부들이 야만인이라고 외면했던 청나라의 문물을 도입해서 백성들이 풍요롭게 살게 하자는 학문입니다. 아까 증인으로 나오신 반계 유형원 선생을 비롯한 앞선 시대의 실학자들이 주로 농업의 발전과 행정 체계의 개혁을 주장했다면, 저를 비롯한 북학파들은 청나라의 문물을 도입해서 상업을 부흥시켜야 한다고 주장했습니다. 후대의 학자들은 앞선 분들을 중농학파나 경세치용 학파라고 하였고, 저희 같은 북학파에게는 중상학파나 이용후생 학파라는 명칭을 붙여 주었습니다.

김딴지 변호사   같은 실학자이긴 하지만 관심 분야가 다르고, 주장하신 해결책도 달랐군요. 그래서 현대에는 증인이나 피고 같은 분들을 중상학파라고 부르고, 앞서 증인으로 나오신 유형원 선생과 그 뒤의 이익 선생 같은 분들을 중농학파라고 부르는데 말이지요, 그 차이는 왜 생겼을까요?

박제가   아무래도 앞 세대의 실학자들은 청나라의 문물을 접해 보지 못한 채 주로 농촌에서 저술 활동에 매진했기 때문에 그런 것 같습니다. 이왕에 더 말씀드리자면, 말씀하신 중농학파에 속하는 유형원 선생이나 이익 선생 같은 분들은 당시 우리 조선 백성들 중 절대다수였던 농민이 잘살아야 나라의 기반이 단단해질 수 있음을 인지

하시고, 바로 그것을 위해 토지 제도와 인재 등용 제도 등 정치 체제 전반의 개혁을 이루려고 하셨습니다.

김딴지 변호사 그러니까 중농학파는 백성들의 삶을 윤택하게 만드는 것을 주된 목적으로 하고, 그것을 위해 체제를 바꿔야 한다고 주장한 것이군요.

박제가 그렇지요. 사회를 지배하는 체제를 바꿔야 한다는 주장을 감히 처음으로 입에 올리신 분들이지요. 하지만 유형원 선생의 균전론이라든가 이익 선생의 한전론(限田論) 등은 국가가 모든 토지를 직접 관리하면서 그것을 경작하는 자들마저 일일이 통제한다는, 말하자면 유교적 이상국가론의 한계를 벗어났다고 보기는 힘듭니다. 감히 말씀드리자면……그것이 그분들의 한계였다고…….

　방청석에 앉아 있는 유형원과 이익, 그리고 중농학파 지지자들이 헛기침을 하거나 신음 소리를 내는 것을 보며 박제가가 말을 흐리자, 김딴지가 대신 발언해 주었다.

김딴지 변호사 그렇습니다. 훗날 중농학파와 중상학파의 주장을 집대성한 다산 정약용 선생도 균전론을 발전시킨 한전론마저 결국 직접 농사를 짓는 자가 토지를 소유한다는 원칙에 어긋날 뿐만 아니라, 대토지 소유에 대한 야망을 가진 자들의 '꼼수'를 효과적으로 막을 수 없다고 주장하셨지요. 그와 달리 증인과 피고 같은 중상학파 분들은 토지보다는 각종 물자를 생산하는 능력을 향상시키는 데 주목하셨고요.

박제가 　네, 그렇지요. 연암 선생님의 『열하일기』를 변호인께서도 읽으셨다는 얘기를 선생님에게서 직접 들었습니다. 그러니 이미 잘 아시겠지만, 저나 연암 선생님을 비롯하여 청나라에 사신으로 갔던 이들은 우리가 오랑캐의 나라라며 멸시하던 청나라의 백성들이 좋은 집에서 부족함 없이 사는 것과, 서양의 문물을 수용하고 상공업을 진흥하여 일취월장하는 것을 목격했습니다.

김딴지 변호사 　하긴, 우리가 무시했던 오랑캐 민족이 우리가 문명국 중의 문명국이라고 믿었던 명나라를 멸망시킨 지 고작 100년이 좀 지났을 뿐인데 도저히 넘을 수 없을 만큼 발전한 것을 보며 망연자실하셨겠군요.

박제가 　당연한 것 아니겠습니까. 그래서 우리는 생각했지요. 청나라는 왜 강해졌으며, 우리는 왜 약해졌는가에 대해서 말이지요. 결론은 상업과 수공업을 천시하고, 수레가 다닐 만한 좋은 길을 만들지 않았다는 것이었습니다. 생각해 보세요. 백성들에게 토지를 균등하게 나눠 주더라도 그로부터 생산되는 물자가 각기 다를 것이며, 남거나 모자라는 것도 상황에 따라 다를 터인데, 이를 유통시켜 서로의 필요함과 부족함을 채워 준다면 더더욱 힘써 일하려고 하지 않겠습니까?

김딴지 변호사 　맞습니다. 유통망이 발전하고 기술이 혁신되면 더 많은 물자가 생산되거나 생산하려는 동기가 생기기 마련이지요. 그렇게 되어 백성들 또한 당시 사대부들처럼 풍족한 생활을 할 수 있

　왜 박지원은 『열하일기』를 썼을까?

게 되면, 더 많은 수공업자들이 더 열심히 생산하고, 더 많은 상인들이 더 열심히 판매 활동을 하고, 그렇게 되면 백성들이 자신이 만든 것을 팔아서 번 돈을 주고 살 수 있는 게 더 늘어나고……그러면 나라가 저절로 부유해질 것이니, 이로써 『열하일기』의 「허생전」에서 주인공이 말했던 것처럼, 청나라를 능가하거나 설사 그렇지 못하더라도 청나라가 감히 조선을 함부로 대하지는 못했겠지요.

박제가 그렇습니다. 방법이 달랐을 뿐, 백성들을 잘살게 하고 조선을 강하게 만들려는 마음은 중농학파든 중상학파든 똑같았지요.

김딴지 변호사 하지만 현실은 그렇지 못했지요. 병자호란이 끝나고 청나라가 중원의 주인이 된 지 100년이 넘었지만 당시 조선의 사대부들은 청나라를 야만인의 나라로 취급했고, 그들의 문물과 제도를 외면했습니다. 이런 분위기 속에서 과감하게 청나라의 장점을 도입하자는 주장을 하신 궁극적인 이유가 뭔지 구체적으로 말씀해 주셨으면 합니다.

박제가 청나라가 비록 여진족이 세운 나라이지만, 중원의 중국인들은 저들의 관습대로 변발을 하고 호복을 입었습니다. 조나라의 무령왕은 오랑캐의 옷을 입기를 두려워하지 않았습니다. 본받을 제도와 관습이 있으면 비록 오랑캐의 것이라도 받아들여서 우리 것으로 만들어야 하는 것이 당연하거늘, 무조건 외면하고 배척하면 어느 세월에 백성들을 배불리 먹이고 나라가 부강해질 수 있겠습니까?

「허생전」
조선 후기 때 박지원이 지은 한문 단편 소설로 당시 사회의 문제를 통찰하고 개혁안을 제시한 글입니다. 극 중 인물인 허 생원은 개혁을 실천할 열정을 지녔던 이상주의자로 등장합니다.

중원
작게는 황허 강 일대 등 중국의 중심부, 넓게는 중국 땅 전체를 뜻합니다.

호복
오랑캐의 옷이라는 뜻인데, 여기서는 여진족의 옷차림을 말합니다.

김딴지 변호사   그러니까 도움이 되는 것이라면 누구의 것인지 구분하지 말고 받아들이자, 이 얘기로군요.

박제가   맞습니다. 청나라와 비교해 보면 조선은 너무나 빈곤하고 쇠약한 나라였습니다. 산에서 사는 사람들은 생선을 보고 신기해하고, 바닷가에서 사는 사람들은 과일을 보고도 먹는 것인지 모릅니다. 사대부들은 사치를 하면 나라가 망한다고 하지만, 조선은 검약하게 살면서도 풍족하지 못했습니다. 그것은 물건이 유통되지 않으니 소비가 이루어지지 않고, 소비가 없으니 상업이 쇠퇴했기 때문입니다. ▶재물이라는 것은 우물과 같습니다. 물을 퍼낸다고 우물이 마릅니까? 이런 상황이니 비단옷을 만들지 못하고, 좋은 그릇을 구워내지 못하며, 약하고 조잡한 물건들만 남게 된 겁니다. 그래서 서로서로 가난해지고 허약해지니, 가뭄이 크게 들거나 비가 많이 와서 농사라도 망치게 되면 도처에서 굶어 죽는 사람들이 나타나게 된 거지요.

김딴지 변호사   상업을 발전시키고 유통을 촉진시킨다는 생각은 당시 조선의 상황에서는 조금 힘들지 않았을까요?

박제가   바로 그게 문제였습니다. 해 보지도 않고 지레 겁을 먹고서 포기하거나 안 되는 이유들만 나열한 것이지요. 제가 청나라에 갈 때 모시고 갔던 채제공 어르신께서 이런 말씀을 하신 적이 있습니다. 종각의 거리를 새로 정비한 다음에 상점의 주인들에게 그들이 취급하는 물품이 뭔지 밖에 내걸게 하는 게 어떤가 하고 말입니다. 예를 들

교과서에는

▶ 청나라에 다녀온 박제가는 『북학의』를 저술하여 청의 문물을 적극적으로 받아들일 것을 주장했습니다. 박제가는 상공업의 발달, 청과의 적극적인 통상, 수레와 선박의 이용을 강조했으며, 생산과 소비의 관계를 우물물에 빗대어 절약보다는 소비를 권장해 생산을 자극해야 한다고 강조했습니다. 이를 우물론이라 합니다.

어 '우리 상점은 전라도 종이와 대나무로 된 물건들을 팝니다' 하는 식으로 말이지요. 그렇게 되면 물건을 사는 사람들이 일일이 묻지 않아도 되니까 편리하겠지만 결국 흐지부지된 채 시행되지 않았습니다. 매번 이런 식이니 늘 제자리걸음을 하거나 뒤처지는 겁니다.

김딴지 변호사　『북학의』를 쓰신 걸로도 유명하지만 「허생전」을 통해 양반들의 무능력을 비판하신 걸로도 잘 알려져 있습니다. 사대부에 대해 강도 높은 비판을 하신 이유가 뭡니까?

박제가　그들이 바로 나라를 좀먹는 원흉이었기 때문입니다.

　　박제가의 말이 끝나기가 무섭게 방청석에 앉아 있던 영혼들이 일제히 소리를 지르며 화를 냈다. 하지만 박제가도 지지 않고 목소리를 높였다.

박제가　내 말이 틀렸단 말이오? 평생 손에 흙 한번 묻히지 않고 오직 공맹의 도가 세상의 전부인양 떠들면서 백성들의 고통을 외면하지 않았소? 훗날 조선이 일본에 나라를 빼앗기고 두 동강이 난 것은 바로 당신들 때문이라는 점을 정녕 모르시겠소?

　　판사가 의사봉을 두드려 양쪽을 진정시켰다.

판사　조용! 양쪽 다 조용히 해주세요. 방청하러 오신 영혼들은 재판에 영향을 줄 만한 발언이 금지되어 있다는 점을 명심해 주세요.

계속 소란을 피우는 영혼은 즉각 추방하겠습니다. 그리고 증인은 방청하러 온 영혼들을 자극할 만한 발언은 삼가 주시기 바랍니다.

　판사의 엄중한 경고에 박제가와 방청 온 영혼들 사이에 잠시나마 침묵이 흘렀다. 판사가 신문을 계속하라는 신호를 보내자, 김딴지 변호사가 다시 입을 열었다.

김딴지 변호사　　증인의 심정은 이해하지만 원활한 진행을 위해 조금만 참아 주시기를 부탁드리겠습니다. 다시 질문을 드리겠습니다. 방금 조선의 사대부들이 문제의 원인이라고 말씀하셨습니다.

박제가　　맞습니다. 제가 살던 시대에 조선에서는 양반을 자처하는 자가 수만 명이 넘었습니다. 이 많은 사람들이 농사짓기나 장사는 거들떠보지도 않고 늙을 때까지 오직 과거에만 매달렸지요. 그러다 보니 온갖 말썽들이 생기고, 실력으로 뽑기보다는 인맥과 연줄로 당락이 결정되었습니다. 그래서 과거 합격자들은 늘어나는데 정작 나라에서 필요한 인재들은 시골에서 썩어 가고 있었습니다. 앞선 시대의 실학자들이나 제가 살던 시대의 실학자들 모두 과거 제도의 개혁을 외친 건, 이 문제가 조선을 약하게 만든 가장 큰 원인이라는 점을 인식했기 때문입니다.

김딴지 변호사　　결국 지배층의 무책임한 자세가 나라를 허약하게 만들고 있다고 판단하신 거군요.

박제가　　이는 박지원이 쓴 「허생전」에도 잘 나와 있습니다. 불과

매점 매석
값이 많이 오를 만한 물건들을
사들인 뒤, 값이 올랐을 때 아주
조금씩 파는 것을 말합니다.

허례허식
자신의 능력과 상관없이 겉만 보
기 좋게 꾸미는 것을 말합니다.

적서
본부인이 낳은 아이인 적자와 본
부인이 아닌 다른 여자가 낳은
아이인 서자를 뜻합니다.

수만 냥으로 물건을 매점 매석하면 물가가 폭등하고, 양반이라는 자들은 허례허식과 체면에 얽매여 어떤 일이든 실천에 옮기지 않았습니다. 청나라와 일본은 서양의 문물을 받아들여 나날이 발전하는데, 조선은 문을 걸어 잠그고 고리타분한 성리학에만 매달려 있으니 답답할 수밖에요. 아까 밖에서 들으니 우리를 과거에 합격하지 못해 불평에 가득 찬 몽상가들이라고 하더군요. 전 엄연히 규장각 검서관을 역임한 관료입니다. 현실을 파악하지 못한 건 실학자들이 아니라 양반들이란 말입니다.

박제가의 말에 술렁이던 방청객들이 판사의 경고 때문인지 잠잠해졌다. 김딴지 변호사가 판사를 쳐다보며 말했다.

김딴지 변호사   증인의 말을 종합해 보면, 당시 조선은 상업이 발달하지 못해서 물자의 유통이 원활하지 못했고, 그리하여 나라는 점점 가난해지는데 양반들은 오직 과거에만 매달리며 이 문제를 해결할 의지를 보이지 않았다고 합니다. 증인께서는 이에 대한 해결책으로 양반들도 장사와 농사일을 하도록 만들고, 적서의 차별을 철폐해서 필요한 인재를 적재적소에 배치해야 한다고 주장하셨습니다. 하지만 이와 같은 개혁안은 결국 받아들여지지 않았지요. 그리고 불과 100여 년 후에 조선은 일본의 침략을 받고 식민지로 전락하고 맙니다. 증인을 비롯한 실학자들은 조선을 구할 해답을 제시했지만 지배층이 받아들이기를 거부했기 때문입니다. 이상으로 신문을 마치겠습니다.

판사　원고 측, 반대 신문 하시겠습니까?

　판사의 질문에 심환지와 귓속말을 주고받던 이대로 변호사가 일어나서 말했다.

이대로 변호사　반대 신문을 하지 않겠습니다.

판사　알겠습니다. 오늘은 실학이 왜 등장했는지에 대해서 주로 얘기했으니, 다음 재판에서는 실학이 과연 조선에 어떻게 도움이 되었는지에 대해서 집중적으로 논의하는 시간을 가졌으면 합니다. 그럼 이것으로 첫째 날 재판을 마치겠습니다.

『북학의』

박제가가 1778년에 사은사로 뽑힌 채제공의 수행원으로 청나라로 가 여행하면서 학자들을 만나고 풍속과 제도를 돌아본 뒤 그 내용을 기록한 책입니다. 박지원의 제자이자 정조의 지시로 규장각 검서관이 되어 많은 책들을 펴내기도 했던 박제가는, 이 책을 펴냄으로써 청나라의 문물을 수용할 것을 주장한 북학파의 주요 인물이 됩니다.

『북학의』는 '내편'과 '외편' 두 권으로 구성되었습니다. '내편'에서는 농기구와 수레, 선박, 성벽, 도로, 다리, 목축, 규격화된 벽돌 등 일상생활에 필요한 갖가지 도구와 시설 39가지의 개량에 대해 설명하였고, '외편'에서는 당시 사회의 문제점들을 지적하면서 농업 기술의 개량, 상업의 진흥, 다른 나라와 무역하는 것의 이점 등 사회 개혁 방법 17가지를 제시했습니다. 또한 책의 이름에서 짐작할 수 있듯이, 청나라처럼 상공업을 발전시키고 농업 기술을 개선하며 양반들에게도 물건을 만들거나 사고파는 일을 하게 함으로써 국가 전체의 생산력을 늘려 백성들을 부유하게 만들자는 것이 주요 내용입니다.

박제가는 또한 영평 현령으로 있을 때 정조가 농업에 관한 책을 구한다는 소식을 듣고 『북학의』에서 농업에 관한 부분만 간추린 다음 새로운 내용을 추가한 『진소본북학의』를 편찬하기도 했습니다.

다알지 기자

여러분, 안녕하십니까. 오늘도 발로 뛰는 법정 뉴스의 다알지 기자입니다. 박지원과 심환지의 첫 번째 재판이 지금 막 끝났는데요, 실학파 증인들과 원고 심환지의 신경전이 칼날처럼 날카로워 보는 내내 손에 땀을 쥐었습니다. 오늘 재판은 양측 변호인들이 조선의 실학자들이 현대에 높이 평가되고 있는 이유와 실학의 참모습에 대해 논쟁하면서 시작되었습니다. 원고 측 변호인은 실용적인 학문인 실학이 조선 후기에 처음 등장한 게 아니라고 주장하면서, 그 근거로 조선 초인 태종 13년에 작성된 권근의 상소문과 조선 중기 임진왜란 당시의 의병장 조헌의 국정 쇄신 건의를 예로 들었습니다. 또한, 조선 후기 실학자들이 조선을 변화시켜 백성들을 잘살게 하려 하기보다는 자신들이 출세하지 못한 데 따른 분노를 그 당시 사회에 대한 비판으로 드러내려 했을 뿐이라고 주장했습니다. 이에 대해 피고 측 변호인은, 실학자들이 목소리를 높이게 된 이유가 임진왜란과 병자호란 이후 삼정의 문란으로 나라가 쇠약해지는 것을 걱정했기 때문이라고 반박했고요. 그럼 양측의 변호인들을 모시고 오늘 재판의 의의를 여쭈어 보겠습니다.

이대로 변호사

　　말씀하신 대로 재판 시작부터 폭풍이 친 것
같습니다만, 어차피 예견된 일이었습니다. 양
측 모두 자신들이 옳고 상대방은 그르다는 생각
이 강했으니까요. 그러니 이번 재판도 열린 게 아니
겠습니까. 하지만 첫 번째 재판 때 원고이신 심환지 선생이 증언하셨
듯이, 실학은 현실 정치의 경험도 없는 자들의 불만과 자기들만 옳다
는 식의 탁상공론에서 비롯되었습니다. 조선이 일본의 식민지가 되고
또 해방된 뒤에도 두 동강이 난 데 대한 책임을 조선의 지배층이던 사
대부들에게 돌리기 위한 수단으로 이용하려는 사람들에 의해 실학이
높이 떠받들려지고 있는 것 같아 개인적으로 불쾌할 따름입니다.

김딴지 변호사

　　재판 때에도 말씀드렸지만, 기존 정치 세력에 포함되지 못했던 실학자들이 목소리를 높이게 된 것은, 백성들이 먹을 게 없어 굶주리고 고통을 받는데도 지배층인 사대부들은 현실을 외면하고 해결책을 궁리하지 않은 채 백성들의 몸과 마음이 바르지 않아 화를 당했다는 주장만 했기 때문입니다. 그렇습니다. 오죽 답답했으면 실학자들이 기존 지배층에게서 비난받을 것을 각오하면서 붓을 들었겠습니까. 잘못된 것을 고쳐 보려고 시도하는 것은 지식인의 도리니까요. 실학자들이 오늘날 떠받들림을 받는 이유도 조선이 멸망한 뒤에야 그들이 옳았다는 것을 사람들이 인정했기 때문이 아니겠습니까. 그런데도 여전히 그런 사실을 외면하거나 부정하려는 사람들이 있으니 답답합니다.

실학은 조선의 발전에 도움이 되었을까?

교과연계

중학교 역사
VI. 조선 사회의 변동
3. 실학자들은 어떤 사회를 추구하였는가?
─중농학파와 중상학파

1 천주교와 새로운 문물의 도입

판사　모두 들어오셨으면 둘째 날 재판을 시작하겠습니다. 오늘은 실학이 조선에 미친 영향에 대해서 토의해 보도록 하겠습니다. 원고 측 증인을 소환할 차례 맞죠? 원고 측 증인은 들어와 주시기 바랍니다.

법정의 문이 열리자 화려한 **대례복**에 **가채**를 쓴 나이 지긋한 여인이 들어섰다. 그녀를 본 영혼들은 일제히 일어나 예를 표했지만 피고석에 앉은 박지원은 미동도 하지 않았다. 증인석 앞에 선 여인이 가벼운 한숨과 함께 선서를 했다.

대례복
조선 시대에 왕과 왕비, 왕자와 공주, 그리고 신하들이 국가의 중대한 행사 때 입던 예복입니다.

가채
조선 시대에 신분이 높은 여인들이 자신의 지위를 보여 주기 위해 쓴 큰 가발입니다.

경기도 구리시에 있는 조선 제21대 왕 영조와 그의 계비 정순 왕후 김씨의 능. 영조가 서거한 후, 왕실의 가장 큰 어른이 됐으며 정조가 승하하자 대왕대비가 된 정순 왕후는 수렴청정하여 실질적으로 조선 사회를 이끌었습니다.

정순 왕후   나 정순 왕후는 이 자리에서 오직 진실만을 말할 것을 맹세합니다.

판사   자리에 앉으셔도 좋습니다. 원고 측 변호사는 신문을 시작해 주세요.

이대로 변호사   몸도 불편하실 텐데 이렇게 나와 주셔서 감사합니다.

정순 왕후   뭘요. 죄 없는 사람들을 죽였다는 이유로 패자들의 마을에서 오래 지내다 보니까 심심했는데, 오랜만에 바깥나들이를 하니 좋군요.

수렴청정(垂簾聽政)
왕의 어머니인 왕대비나 할머니인 대왕대비가 왕이 어른이 될 때까지 정치를 도와주는 것을 뜻합니다.

사학
조선 시대에 주자학에 위배되는 학문을 가리키는 말이었습니다.

이대로 변호사　　증인께서는 정조 임금이 승하하시고 순조가 어린 나이에 즉위하자 몇 년 동안 수렴청정(垂簾聽政)을 하셨습니다. 그 사이에 ▶신유박해라는 사건이 있었죠?

정순 왕후　　그렇습니다.

이대로 변호사　　지금 이승 사람들은 그 사건을 증인의 권력욕이 빚어낸 참극쯤으로 이해하고 있습니다만, 진실은 어떤가요?

정순 왕후　　권력욕이오? 수렴청정은 임금이 장성하면 끝입니다. 실제로 제 수렴청정은 3년 만에 끝이 났고요. 신유년의 일이라면 200년 전이라 가물가물하지만 아마, 정조 대왕께서 승하하신 다음 해일 겁니다. 1월쯤에 교서를 하나 내렸지요. 사학에 물든 자들이 너무 많으니 이를 엄히 단속하라고 말입니다.

이대로 변호사　　당시 조선은 천주교를 탄압했습니까?

이대로 변호사의 물음에 정순 왕후는 당연한 것 아니냐는 듯 말했다.

교과서에는

▶ 정조가 죽자, 정권을 거머쥔 보수 세력은 천주교도와 진보 세력을 대대적으로 억압하고 숙청하였습니다. 이때 이승훈, 이가환 등이 처형당하고, 박지원, 박제가는 관직에서 쫓겨났으며, 정약용은 유배되었습니다.

정순 왕후　　천주교는 예수를 믿지 않으면 지옥에 간다고 무지몽매한 백성들을 현혹했습니다. 조상에게 제사도 지내지 말고 임금도 섬기지 말라는데 어찌 금하지 않을 수가 있겠습니까? 정조 대왕께서도 천주교는 사학이라며 법으로 금하셨고, 이를 믿는 자들을 처벌하셨습니다. 내가 수

렴청정했을 때에는 그들의 숫자가 많아져서 엄하게 금지하라고 했을 뿐입니다.

이대로 변호사 증인께서 비난받는 또 다른 이유는, 피고인 박지원을 비롯해서 정약용 형제 같은 실학자들을 쫓아내고 처벌했다는 겁니다.

정순 왕후 윤가기의 옥사에 연루되어 죽을 뻔한 박지원을 내가 살려서 귀양 보냈습니다. 남들이 들으면 내가 말 한마디로 사람들을 죽였다 살렸다 하는 줄 알겠습니다. 정약용 형제도 천주교를 믿었기 때문에 처벌받은 것이지 다른 이유가 있었던 것은 아닙니다.

이대로 변호사　　증인께서 살아 계셨을 때가 조선의 실학이 가장 융성했던 때입니다. 그들이 조선의 문제를 해결하는 데 도움이 되었습니까?

정순 왕후　　청나라 몇 번 다녀오고 그들의 문물이 좋으니 무조건 도입하자고 하는 게 무슨 도움이 될 수 있단 말입니까? 오히려 천주교 같은 안 좋은 것들을 들여와서 조선에 해만 끼쳤을 뿐입니다.

이대로 변호사　　하지만 실학, 특히 북학을 연구한 학자들은, 선비들이 장사를 천시하고 오직 과거에만 매달렸기 때문에 조선이 허약해졌다고 주장했습니다.

정순 왕후　　그런 말을 하고 다닌다는 얘기는 들었습니다만, 그렇게 얘기한 실학자들치고 본인이 직접 장사에 뛰어들었다는 사람은 보지 못했습니다그려.

정순 왕후의 말에 방청석에 앉아 있던 영혼들이 크게 웃었다.

이대로 변호사　　주장은 했지만 정작 실천은 하지 않았다 이 말씀이시군요. 하긴 그들도 학자로 남거나 벼슬길에 올랐군요.

정순 왕후　　조선의 사정은 살피지 않고 다짜고짜 청나라의 문물을 도입하자고 한 것까지는 그렇다 쳐도, 천주교같이 나라를 좀먹는 사악한 종교를 들여온 것은 용서할 수 없습니다.

이대로 변호사　　하긴 종교의 자유가 보장된 지금에야 천주교를 탄압한 것이 이상한 일이지만, 유교를 통치 이념으로 삼았던 조선에서는 받아들이기 어려운 일이었죠?

정순 왕후   암, 그렇고말고요. 조상의 제사도 지내지 말라고 하고, 가장이나 임금의 말 대신 자기가 섬기는 신의 뜻을 최우선으로 삼으라는 얘기는 용납하기 어려운 주장이었습니다. 정조 대왕께서는 뜻을 올바르게 세우면 천주교가 뿌리를 내릴 수 없을 것이라고 하셨지만 전 불안했습니다. 어제 증인으로 나온 박제가는 아예 서양인을 불러들이자는 주장까지 했으니까요.

이대로 변호사   그러니까 천주교가 조선에 들어오는 데 실학자들이 한몫을 했다는 말씀이시군요. 하지만 필요한 제도와 문물을 받아들이자는 주장은 귀 기울일 만하지 않았습니까?

정순 왕후   그들은 자신들만 머리를 쓸 줄 알고 남들은 다 앞뒤 꽉 막힌 바보인 줄 압니다. 수차(水車)를 예로 들어 볼까요? 임금과 신하들은 조선 초기부터 수차의 도입과 사용을 권장했습니다. 『조선왕조실록』만 들춰 봐도 수차를 제작하기 위해 논의한 기록들을 쉽게 찾아볼 수 있을 겁니다. 하지만 이런 저런 이유로 세종 대왕 때 도입을 포기했습니다. 새로운 문물이 들어오지 못한 이유들이 분명한데도 그런 것들은 싹 무시하고 왜 내 말대로 하지 않느냐는 얘기를 해 대는데, 들을 때마다 속이 답답합니다.

이대로 변호사   그런 속사정이 있었군요. 아무것도 모르는 후대 사람들은 실학자들의 주장을 받아들이지 않은 것만 비판하니, 역사란 많이 배우고 살펴봐야 하는 것 같습니다.

정순 왕후   실학자라고 자처하는 자들은 과거 제도를 비롯한 나라

수차(水車)
물레방아의 일종인데 낮은 곳의 물을 높은 곳에 있는 논이나 염전에 퍼 올리는 데 사용됩니다.

의 모든 것이 문제이니 다 뜯어고치자고 주장했습니다. 하지만 지금 시대에도 개혁이 어려운 판국인데 당시는 어땠겠습니까?

이대로 변호사　　말씀 잘 들었습니다. 증인의 말을 종합해 보면 북학을 연구하던 학자들은 국내 사정을 고려하지 않고 문물의 무분별한 도입을 주장했습니다. 특히 조선의 지배 체제를 흔들 수 있는 천주교의 도입에 책임을 져야만 합니다. 후대 사람들은 실학자들이 주장한 것에만 관심이 있을 뿐 어떤 악영향을 남겼는지는 깊이 생각해 보지 않고 있습니다. 이상으로 신문을 마치겠습니다.

판사　　수고하셨습니다. 피고 측 변호인은 반대 신문을 하시겠습니까?

김딴지 변호사　　물론입니다. 증인은 실학자들이 천주교를 직접 도입한 것처럼 말씀하셨는데요, 1631년 명나라에 진주사로 갔던 정두원은 로드리게스 신부를 만나 천리경, 홍이포, 자명종 같은 물품과 마테오 리치 신부의 『천문서』, 『직방외기』, 『서양국 풍속기』 같은 서적을 얻어 귀국했고, 1720년에 주청사로 갔던 이이명은 쾨글러 신부와 수아레스 신부를 방문하여 천문학과 천주교에 대해 이야기를 나누었지요. 이 과정에서 서양 과학 기술의 우수성을 인정한 조선의 일부 지식인들이 중국어로 번역된 서양의 책들을 광범위하게 연구하면서 천주교가 조선에 들어오게 된 것입니다. 이런 사례에서 보듯이 양인들의 물건과 서책을 들여온 게 실학자들만이 아닙니다. 조선에서 청나라로 사신이 건너간 횟수가 30회가 넘는 걸로 알고 있습니다. 한 번에 가는 사신단 숫자가 마부와 통역까지 합하면 100명

　왜 박지원은 『열하일기』를 썼을까?

이 넘었지요. 그렇게 치면 공식적으로 청나라에 다녀온 사람만 해도 3000명이 넘습니다. 그중 실학자가 과연 몇 명이었겠습니까?

정순 왕후 　박지원을 비롯한 실학자들은 서양인들이 만든 물건이나 지도를 가져오는 것에서 그친 게 아니라 천주교의 도입을 적극적으로 주장했기에 문제가 된 것입니다.

김딴지 변호사 　그렇다면 증인은 왜 실학자들과 일반 백성들이 천주교를 받아들이려 했는지 생각해 보셨습니까?

정순 왕후 　그거야 신을 믿기만 하면 양반과 상민과 노비의 구분이 없어진다니 얼마나 듣기 좋았겠습니까.

김딴지 변호사 　그렇습니다. 당시 조선의 지배층이 보기에는 대단히 위험하고 급진적이었죠. 그런데 세도 정치로 고통 받던 피지배층이 천주교를 통해 위안받았기 때문에 급속히 전파되었다는 생각은 안 드십니까?

이대로 변호사 　판사님! 피고 측 변호인은 지금 유도 신문을 하고 있습니다.

판사 　인정합니다.

김딴지 변호사 　좋습니다. 그럼 다음 질문으로 넘어가겠습니다. 증인이 수렴청정을 했던 기간 동안 처형된 사람들 중엔 천주교도뿐 아니라 노론 벽파의 반대파인 시파와 남인들도 다수 포함되어 있었습니다.

정순 왕후 　그것은 그들 중에 천주교도가 많았기 때문입니다.

김딴지 변호사 　일각에서는 이에 대해 천주교를 단속한다는 명목으로 집권파인 노론 벽파가 반대파들을 탄압한 것으로 보고 있습니다.

　　김딴지 변호사의 발언을 듣고 있던 이대로 변호사가 자리에서 일어나 항의했다.

이대로 변호사　　이의 있습니다! 지금 피고 측 변호인은 확인되지 않은 사실을 마치 진실인 것처럼 말하고 있습니다.

김딴지 변호사　　신유박해에 정치적 목적이 있었다는 것은 후대의 학자들이 공통적으로 주장하는 사실입니다.

　　김딴지 변호사도 지지 않고 목소리를 높이자 판사가 두 사람을 제지했다.

판사　　어제는 증인과 방청객이 싸우더니 오늘은 변호사들끼리 싸우는 겁니까? 일단 원고 측 변호인의 이의를 받아들이겠습니다.

　　이대로 변호사가 미소를 지으며 자리에 앉자 판사가 신문을 계속할지 물었다.

김딴지 변호사　　반대 신문을 마치겠습니다.

판사　　알겠습니다. 증인은 돌아가셔도 좋습니다.

　　왜 박지원은 『열하일기』를 썼을까?

자리에서 일어난 정순 왕후가 천천히 법정을 빠져나가는 모습을
본 판사가 말했다.

판사　　이제 피고 측 증인을 소환할 차례군요. 피고 측 증인은 입장
해 주시기 바랍니다.

신유박해

정조 사후 어린 순조의 수렴청정을 맡은 영조의 두 번째 왕비 정순 왕후 김씨의 지시로 1801(신유)년에 이루어진, 천주교 신자들에 대한 최악의 박해 사건입니다. 그러나 실은 정조 시절에 사학이라는 이유로 금지만 되었던 천주교를 소론의 시파(자신의 아버지인 영조에게 사형당한 사도 세자를 동정했던 당파) 사람들이 많이 믿는다는 점을 노린 벽파(영조 때 사도 세자를 비방한 당파로 주로 노론 계열)정치적 음모였다는 주장도 있습니다.

천주교는 인조의 큰아들인 소현 세자에 의해 처음으로 조선에 들어올 기회가 있었으나, 소현 세자가 청나라의 힘을 빌려 왕위를 빼앗으려 한다고 의심한 아버지 인조에 의해 사망하면서 이루어지지 못했습니다. 약 40년 뒤인 1784년, 천주교에 관심이 많았던 선비 이승훈이 베이징에 가서 루이 드 그라몽 신부를 만나 교리를 공부한 뒤 세례를 받고 돌아오면서 본격적인 한국 천주교 역사가 시작되었습니다.

성리학의 한계와 문제점을 깨닫고 실학 등 새로운 학문을 추구하던 선비들과, 가혹하게 수탈할 뿐 빈곤에서 벗어날 길은 제시해 주지 않는 지배층에 반발한 백성들이 천주교를 받아들이면서 신자들의 수는 점점 늘어났습니다. 마침내 1794년에는 청나라 사람인 주문모 신부가 입국하여 신자들을 모아 미사를 집전하는 등 몰래 활동하기에 이르렀지요. 하지만 제사 등 유교적 의례를 우상 숭배라며 거부하고, 하느님 아래 양반과 평민, 노비의 구분이 없다고 주장하는 천주교는 당시 지배층에게는 도전이자 위협이었습니다.

결국 이런 상황들이 맞물려서 일어난 신유박해는, 주문모 신부 및 이승훈과 정약종 등 당시 조선 천주교회의 지도급 인사를 비롯한 300명 이상의 천주교 신자들을 학살한 뒤 일단 막을 내렸습니다.

2 주체적인 변화를 시도한 실학자

닫혔던 법정의 문이 다시 열리고 건장한 체구의 선비가 들어섰다. 피고석에 앉아 있던 박지원과 눈인사를 나눈 선비는 증인석 앞에서 우렁찬 목소리로 선서했다.

홍대용　선서! 나 홍대용은 이 자리에서 오직 진실만을 말할 것을 약속합니다.

판사　앉으셔도 좋습니다. 피고 측 변호인은 신문 시작해 주세요.

김딴지 변호사　교과서에서나 뵙던 분을 직접 만나서 영광입니다. 간단한 본인 소개를 부탁드리겠습니다.

홍대용　네, 북학파라고 불리는 실학자들 중 한 명인 홍대용입니다. 저 역시 청나라에 다녀와서 조선의 실상을 크게 걱정했습니다.

왜 박지원은 『열하일기』를 썼을까?

충청남도에 있는 홍대용 선생 묘

『담헌서』

▶과학 기술에 관심이 많아서, 『담헌서』를 비롯해서 청나라 흠천감에서 일하던 서양 신부들과 나눈 필담을 정리한 『유포문답』이라는 책을 썼습니다.

김딴지 변호사　　조선인으로는 최초로 지구가 둥글고 회전한다는 주장을 펼친 것으로 알고 있습니다.

홍대용　　어린 시절부터 남들이 당연하다고 여긴 것들에 대해서 의문을 가졌습니다. 서양 문물을 접하면서 그런 문제에 대한 해답들을 찾을 수 있었지요.

김딴지 변호사　　같은 실학자인 박지원, 이덕무, 유득공,

흠천감
중국 명나라 때와 청나라 때 별들을 관찰하거나 천문학을 연구하던 기관입니다.

교과서에는

▶ 북학파는 청나라의 수도 베이징을 왕래하면서 그들의 수준 높은 문물을 받아들이자고 주장했으며 유수원, 홍대용, 박지원, 박제가 등이 유명했습니다.

이서구, 백동수 등과 함께 '백탑파'라고 불리셨고요.

홍대용   살던 집 근처에 있는 백탑 앞에 자주 모여서 그런 이름이 붙은 모양입니다. 뭐, 생각하시는 것처럼 거창한 모임은 아니고, 그냥 뜻이 맞는 동무들끼리 모여 이런저런 얘기를 나누는 편한 자리였습니다.

김딴지 변호사   그러셨군요. 그럼 본격적인 질문을 하겠습니다. 증인이 활동하던 시기인 18세기 중·후반은 성리학이 확고하게 자리를 잡았던 때입니다. 또한 청나라의 것이라면 뭐든지 오랑캐의 것이라고 배척하던 시기였지요. 서양 문물은 말할 것도 없고 요. 그러한 시기에 청나라 문물의 도입을 주장하고 서양의 과학 기술에 관심을 기울이신 이유가 무엇입니까?

홍대용   운 좋게도 청나라에 갔다 올 수 있었고, 우리가 얼마나 뒤처졌는지 깨달았으며, 그걸 해결하려면 결국 앞선 문물을 받아들여야 한다는 결론에 도달했기 때문입니다.

김딴지 변호사   당시 청나라에 드나들던 조선 사람이 한두 명이 아니었는데요, 다들 증인과 같은 생각을 했나요?

홍대용   그랬다면 우리가 이렇게 고생하지는 않았을 겁니다. 다들 청나라의 것이라면 거들떠보지도 않았으니까요. 100년 전에 망한 명나라에 대한 의리를 지킨답시고 말입니다. 아, 그리고 명나라가 망하고 중화가 오랑캐의 손에 넘어갔으니 우리야말로 소중화(小中華)가 아니냐는 자부심 때문이기도 했지요.

김딴지 변호사   남들이 그렇게 편하게 넘어갔는데 증인과 일부 선비들은 그렇지 않았군요.

홍대용   전 충격을 받았습니다. 변발을 하고 오랑캐의 옷을 입었으니 중국인들도 야만인이나 다름없다는 믿음은 **산하이관**을 넘고 베이징에 도달하면서 산산조각 나 버렸습니다. 그리고 고민했지요. 첫째 날 재판에서 박제가 선생이 말씀하셨듯이, 저들은 잘살고 우리는 왜 못사는지 말입니다. 결국 저들의 제도가 우리의 것보다 뛰어나다면 마땅히 받아들여야 한다는 결론을 내렸습니다.

김딴지 변호사   그런 와중에 서양인들과 접촉하셨죠?

산하이관
중국 북동부 지역의 교통과 군사 요충지로, 만리장성의 동쪽 끝입니다.

병인양요
흥선대원군이 천주교도를 학살
하고 탄압한 것에 대항해 프랑
스 함대가 1866년(고종 3)에
강화도를 침범한 사건입니다.

신미양요
미국이 1866년의 제너럴셔먼
호 사건을 빌미로 조선을 개항
시키려고 1871년(고종 8)에 침
략한 사건입니다.

홍대용   앞서 말씀드렸듯이 흠천감을 방문해서 흠천감
정이던 천주교 신부 유송령(아우구스트 폰 할러슈타인)과 문
답을 나눈 적이 있습니다.

김딴지 변호사   어떤 느낌이 드셨습니까?

홍대용   세상은 넓고, 조선은 그것의 아주 작은 부분에
불과하다는 걸 느꼈습니다. 뒤처지지 않으려면 더 많이 노
력해야 한다는 사실도 깨달았고요.

김딴지 변호사   첫째 날 재판을 비롯해서 방금 전까지 원
고 측은 실학이 사실은 출셋길에 나아가지 못한 실학자들의 현실 비
판에서 비롯되었고, 조선의 발전에 아무런 도움이 되지 않았다고 강
조하고 있습니다. 확실히 실학자들의 주장이 채택된 적은 없습니다.
왜 그랬을까요?

홍대용   정조 대왕이 즉위하시면서 일부가 등용되기는 했지만, 그
분이 돌아가신 뒤 모두 몰락하고 말았지요. 정조 대왕께서는 나름
실학에 호의적이긴 했지만 문체반정(文體反正)의 사례에서 볼 수 있
듯이 선을 넘는 것을 허용하지 않으셨습니다. 정조 대왕조차 그럴
정도였으니 권력에 눈이 어두운 자들이 백성들을 위하는 일에 마음
을 기울일 리가 없지 않겠습니까?

김딴지 변호사   그렇다면 원고 측 주장대로 실학은 조선에 아무런
도움이 안 되었던 것일까요?

홍대용   물론 그건 아닙니다. 후대의 역사를 보십시오. **병인양요**와
신미양요를 겪고 일본과 조약을 맺어 문호를 개방한 이래 우리는 늘

뒤처지고 끌려가기만 했습니다. 청나라와 러시아, 일본이 조선을 차지하기 위해 이 땅에서 두 차례나 전쟁을 벌였는데도 그냥 지켜보기만 했을 따름이지요. 그러다가 제대로 싸워 보지도 못하고 일본에 나라를 넘겨주고 말았고요. 그 시기를 살펴보면 사상과 문물, 제도에 이르기까지 우리 스스로 받아들이거나 발전시킨 것은 거의 없다시피 합니다. 하지만 실학은 달랐습니다. 우리의 문제가 무엇인지 스스로 깨달았고, 그것을 해결하기 위한 방안을 연구한 겁니다. 무조건 성리학이 최고라는 아집에서 벗

아집
자기 생각만이 옳다고 생각하여 남의 생각을 받아들이지 못하는 것을 뜻합니다.

어나 객관적이고 실증적인 방법으로 사물을 연구하려는 자세는 각 분야에 적지 않은 영향을 미쳤습니다. 우선 한백겸 선생을 비롯한 실학자들이 고조선을 비롯한 옛 나라에 대해서 관심을 기울이면서 한국사 연구가 본격적으로 시작되었다는 점을 꼽고 싶군요.

김딴지 변호사　　그러니까 우리 스스로 변화를 시도했다는 점을 높이 평가해야 하지 않느냐는 말씀이시군요.

홍대용　　그렇습니다. 비록 집권 세력의 외면을 받기는 했지만, 우리 스스로 어떤 식으로든 변화를 모색했다는 것만으로도 의의가 있다고 봅니다.

김딴지 변호사　　말씀 잘 들었습니다. 존경하는 판사님, 그리고 방청객 여러분, 여러분은 시대를 아파하고 외면하지 않은 진실한 목소리를 들어 보셨습니다. 실학자들의 주장은 당대 사람들에게는 대단히 위험하고, 낯설고, 엉뚱했을 겁니다. 실제로 폭넓은 공감을 얻거나 정책으로 채택되지도 않았습니다. 하지만 왜 후대 사람들은 당시의 영의정이나 판서들보다 이들의 존재를 더 높이 기릴까요? 특이했기 때문일까요? 아니면 후대 사람들의 입맛에 맞았기 때문일까요? 그것은 실학자들이 우리 스스로 문제점을 찾고 해결하자는 목소리를 냈기 때문입니다. 지배층이 실학자들의 주장을 외면한 대가는 참혹했습니다. 그것은 책임을 져야 할 사람들이 문제를 외면하고 해결책을 제시하지 않았기 때문에 벌어진 일입니다. 그래서 우리는 실학자들을 소중하게 여기는 겁니다. 그들이 당대에 어떤 대접을 받았건 말입니다. 이상으로 신문을 마치겠습니다. 감사합니다.

　　왜 박지원은 『열하일기』를 썼을까?

판사　수고하셨습니다. 원고 측 변호사는 반대 신문을 하시겠습니까?

이대로 변호사　반대 신문을 하지 않겠습니다.

판사　알겠습니다. 증인은 돌아가셔도 좋습니다. 그리고 원고 측 증인은 들어와 주시기 바랍니다.

소중화

중국의 중화 문명을 계승하는 '작은 중화 문명'이라는 뜻입니다. 고대부터 중국은 자국이 세상의 중심이며 유일한 문명국이고, 주변의 다른 나라들과 민족들은 야만족이라고 보는 화이관(華夷觀)을 가지고 있었지요. 이에 따라 중국인들은 오랑캐 나라들을 동화시켜 자신들의 지배 체제를 받아들이게 했습니다. 부유하고 강대한 중국의 힘에 굴복한 우리나라와 일본, 베트남도 이를 받아들여, 성리학과 유교가 나라에서 가장 중요한 사상으로 자리 잡게 되었습니다. 이 나라들에서는 자기 나라도 중국처럼 문명화되었다는 뜻에서 소중화라는 사상이 생겨났고, 조선은 이런 이유로 명나라를 상국(上國)으로 섬기며 조공을 바쳤습니다. 사대주의라는 말이 여기서 나왔습니다.

그러나 임진왜란을 거치면서 명나라의 국력이 약화되고, 명나라와 조선을 섬기던 여진족이 힘을 키워 청나라를 세우면서 이런 상황에 변화가 일어났습니다. 조선이 병자호란에서 패해 청나라에 굴복했고, 명나라 또한 청나라에 의해 멸망한 거지요. 이런 현실을 인정할 수 없었던 조선의 지배층은 명나라를 이은 나라는 청나라가 아니라 조선이라고 주장하면서 소중화 사상을 굳혀 갔습니다. 만동묘를 지어 임진왜란 때 조선을 도왔던 명나라 신종 황제에게 제사를 지내고, 청나라를 정벌한다는 북벌론이 나온 것도 이런 이유에서랍니다. 하지만 소중화 사상은 서양과 접촉해 발전을 거듭하던 청나라나 일본의 현실을 바르게 보지 못하게 함으로써 오히려 조선의 멸망을 초래했습니다.

실학의 꽃을 피운
정조 시대

홍대용은 박지원과 악수를 나누고는 법정을 나섰다. 이내 원고 측이 소환한 증인이 모습을 드러내자 박지원은 깜짝 놀란 표정을 지었다. 법정에 들어선 증인 역시 곤혹스러운 표정으로 선서를 마치고 증인석에 앉았다.

판사　원고 측 변호사는 신문을 시작해 주시기 바랍니다.

이대로 변호사　와 주셔서 감사합니다.

채제공　출두 요청서를 받아서 왔을 뿐 본의는 아니라는 점을 분명히 하고 싶습니다.

이대로 변호사　이해합니다. 사실 저희도 증인으로 모시고 싶은 분은 정조 임금이었습니다만, 그분께서 간곡히 거절하셔서 어쩔 수 없었습니다. 그럼 신문을 시작하겠습니다. 증인께서는 실학의 전성기를 이루셨다고 해도 좋을 정조 임금 밑에서 정치를 하셨습니다. 맞습니까?

채제공 맞습니다. 정조 대왕과 같은 현명한 임금님들을 섬길 수 있어서 영광이었습니다.

이대로 변호사 그리고 말씀드렸듯이 정조 임금의 시대에 실학은 전성기를 맞이했습니다. 사실 피고 박지원을 비롯해서 박제가 같은 이들은 서얼이라서 정상적으로는 출세하기가 힘들었지만, 정조 임금께서 규장각 검서관으로 채용하면서 관직에 나설 수 있었지요. 그리고 유형원 선생의 『반계수록』도 그분의 명으로 편찬된 걸로 알고 있는데요.

채제공 그렇습니다.

이대로 변호사 그 말은 정조 임금의 보살핌과 애정이 없었다면 그나마 실학이 후대에 이름이나 남겼을지 알 수 없다는 뜻이지요. 통치자의 관심과 보호 속에서만 자라날 수 있었던 온실 속의 화초 같은 존재라고나 할까요.

이대로 변호사의 발언을 들은 김딴지 변호사가 즉각 항의했다.

김딴지 변호사 이의 있습니다. 원고 측 변호인은 자신의 추측을 사실인 것처럼 주장하고 있습니다.

판사 이의를 받아들이겠습니다. 원고 측 변호인은 발언에 주의해 주시기 바랍니다.

이대로 변호사　　알겠습니다. 그럼 질문을 바꿔 보겠습니다. 정조 임금께서 실학자들을 특별히 좋아하신 이유가 있습니까?

채제공　　정조 대왕께서는 사사로운 마음으로 사람을 가려 쓰시는 분이 아니셨습니다. 아버님이신 사도 세자의 죽음이 정당하다고 믿었던 노론 벽파와도 손을 잡으신 분이니까요. 그분은 종종 재능에는 적자와 서자의 차별이 있을 수 없다면서 재능에 따라 적재적소에 사람을 쓰는 게 중요하다고 하셨습니다. 연암 박지원이나 초정 박제가는 청나라에 다녀온 경험도 있고 학식이 깊어서 중용하신 겁니다.

이대로 변호사　　그러니까 개인을 보고 판단했을 뿐 배경에는 관심을 두지 않았다는 말씀이신가요?

채제공　　그렇습니다.

이대로 변호사　　지난번 재판에서 오늘 재판까지 실학의 참모습이 존재했는지에 대해서 많은 논의가 오갔습니다. 저는 실학이 비판과 주장만 있을 뿐 참모습이 없다고 보고 있습니다. 정조 임금 때에 실학자들의 주장을 정책에 반영한 적이 있습니까?

채제공　　전적으로 수용된 적은 없습니다.

이대로 변호사　　그리고 정조 임금 대에 실학자들이 지방관으로 임명된 적이 있죠?

채제공　　연암이 안의 현감과 면천 군수를 거쳐 양양 부사로 일했고, 초정이 부여 현감과 영평 현령을 지낸 적이 있습니다.

이대로 변호사　　그렇다면 실학자들이 실제로 행정 업무를 본 적이 있다는 얘기군요. 앞서 증인으로 나오신 정순 왕후께서는 실학자들은 일하지 않는 양반들을 질타하면서 정작 본인들도 저술 활동만 했을 뿐 장사를 하거나 생산 활동에 종사하지 않았다고 비판했습니다. 실학자들은 지방의 행정관으로 일하면서 자신들이 주장한 대로 정책을 시행했습니까?

채제공   일개 지방관이 어찌 그런 일을 할 수 있단 말입니까?

이대로 변호사   물론 과거제의 개혁 같은 경우는 어렵겠지만 도로를 정비하거나, 벽돌을 사용해서 집을 짓는다거나, 수차를 만들어서 사용하는 일들은 충분히 가능했을 것 같은데요? 제 질문에 대답을 해 주시기 바랍니다.

    이대로 변호사의 말에 채제공이 머뭇거리자 판사가 답변을 재촉했다.

채제공   시도는 한 것 같지만 눈에 띄는 성과는 없었습니다.

이대로 변호사   결국 그들은 주장만 했을 뿐 실천에 옮기지는 않았군요. 그러니까 정조 임금의 후원으로 활발한 연구가 가능했다고 봐도 되겠습니까?

채제공   반대파들이 눈에 불을 켜고 지켜보는데 무슨 일을 마음 놓고 할 수 있겠습니까? 어떤 주장을 했다고 해서 그걸 반드시 실천해야 할 책임까지 있는 건 아닙니다.

이대로 변호사   물론 그렇긴 합니다만, 문제 해결을 주장하면서 정

작 실천에 나선 실학자가 없다는 점은 좀 실망스럽군요. 정조 임금이 승하하신 뒤 실학은 혹독한 탄압을 받은 것으로 알려져 있습니다. 실제로 실학을 연구했다는 이유로 처벌받은 사람이 있습니까?

채제공　그건 내가 죽은 뒤의 일이라 정확하게는 모르겠지만, 그렇게 처벌받은 실학자는 없는 것으로 알고 있습니다. 대부분 역모에 관련되었거나 천주교를 믿었다는 이유로 귀양살이를 했지요.

이대로 변호사　그러니까 실학이 쇠퇴한 원인도 직접적인 탄압 때문이 아니라는 말씀이시군요.

채제공　정치란 자신의 의도를 어떻게 잘 숨기느냐에 따라 승패가 좌우되는 싸움입니다. 아까 나온 정순 왕후나 심환지도 실학자들을 눈엣가시처럼 여겼지만, 단순히 실학을 연구했다는 죄목으로 처벌하지는 않았을 겁니다.

이대로 변호사　어쨌든 실학자들이 자신의 주장을 직접 실천에 옮기려는 시도나 노력을 등한히 했다는 점은 변하지 않는 사실인 것 같군요. 이상으로 신문을 마치겠습니다.

판사　수고하셨습니다. 피고 측은 반대 신문을 하시겠습니까?

김딴지 변호사　하지 않겠습니다.

판사　알겠습니다. 그럼 오늘 재판을 마치도록 하겠습니다. 다음 재판에서는 실학의 근대성에 관한 얘기들을 나눠 보도록 하겠습니다.

　왜 박지원은 『열하일기』를 썼을까?

문체반정

　조선 후기에 수입되어 유행하던 명나라 말기와 청나라 초기의 문집과 소설 등에서 사용된 새로운 문체를 배척하고, 유교와 성리학 관련 책들에서 사용된 옛 문체만을 사용하도록 정한 정책입니다.

　올바른 문체를 사용해야 세상이 바르게 돌아간다고 확신했던 정조는, 올바르지 못한 새로운 문체라고 생각한 금문(今文)을 멀리하고 옛 문체의 사용을 강조했습니다. 이를 통해 조선의 기본 통치 이념인 숭유중도(崇儒重道), 즉 유교를 높이 받들고 도를 중요하게 여긴다는 생각이 실현될 수 있을 것이라 생각했던 것이지요.

　이에 따라 정조는 규장각을 만들어 학자들로 하여금 유교와 성리학에 대해 연구하거나 관련 책들을 만들게 했으며, 당시 청나라에서 유행하던 책들의 수입을 금지시켰고, 관리들이나 선비들 중 청나라의 소설을 읽거나 가지고 있다가 발각되면 벌을 내리기도 했습니다. 박지원 또한 금문을 사용하여 『열하일기』를 쓴 것을 반성하는 글을 옛 문체로 쓰라는 명령을 받기도 했습니다. 이 때문에 정조 역시 왕권 강화에만 몰두하는 보수적인 왕이었다는 비판을 받기도 합니다.

다알지 기자

시청자 여러분, 안녕하십니까. 정확한 한 국사법정 소식을 전해 드리기 위해 늘 분주 히 움직이는 법정뉴스의 다알지 기자입니 다. 방금 한국사법정에서 두 번째 재판이 끝 났습니다. 오늘 재판에서 원고 측 증인으로 출석 한 정순 왕후와 채제공은 실학자들이 자신들의 이론을 몸소 실천한 사 례가 거의 없다는 점을 꼬집거나, 정조 대왕에 의해 지방관으로 임명 된 몇몇 실학자들마저 눈에 띄는 성과를 올리지 못했다고 증언했습니 다. 피고 측 증인으로 출석한 홍대용은 당시 조선에 실학이 왜 필요했 는가를 이야기했습니다. 김딴지 변호사는 "지배층이 실학자들의 주장 과 당시 조선의 문제점을 외면하거나 해결책을 제시하지 않았기 때문 에 우리 민족이 참혹한 결과를 맞이했다"고 홍대용의 증언을 정리해 줌으로써 오늘날 실학자들이 지나친 대접을 받고 있다는 논란에 종지 부를 찍으려 했습니다. 그럼 이쯤에서 소송 당사자이신 심환지 선생과 박지원 선생을 만나 보겠습니다.

원고 심환지

　드디어 두 번째 재판이 끝났군요. 정순 왕후께서 원고 측 증인으로 출석해 주실 거라고 짐작했지만, 채제공께서도 출석해 주신 것은 뜻밖입니다. 조선 사회의 문제점들을 개선해 보려고 시도하셨던 원로께서도 실학자들에 대한 오늘날의 인식이 편견에 불과하다는 것을 내다보고 바로잡아야겠다고 생각하신 게 아니겠습니까. 저도 정조 임금이 사람의 재능을 보고 쓰려 하신 점은 높이 평가합니다. 하지만 청나라로 가는 사신들을 따라가 베이징의 화려함과 서양인들이 보여 준 기묘한 물건들에 놀라서 무턱대고 그것들을 도입하자던 사람들은 결국 임금도, 백성들도, 심지어 자기 자신들마저 만족시켜 줄 능력도 의지도 없었지 않았습니까. 이제 세 번째이자 마지막 재판이 남았군요. 현명하신 판사님의 명판결을 기대하겠습니다.

피고 박지원

쓸쓸합니다. 상업을 중시해야 한다던 우리도 정작 상인이 된 적은 없다는 정순 왕후의 쓴소리를 잘 들었습니다. 오늘날 이승에서도 하던 일을 관두고 장사에 나선 사람들이 본전마저 다 잃고 큰 빚까지 지는 일이 흔하다지요. 장사를 잘하면 큰돈을 벌 수 있다는 것을 알아도, 막상 장사를 잘하는 법을 가르침 받거나 경험으로 깨칠 기회가 없었을 테니까요. 제가 『열하일기』에 수록했던 「허생전」을 읽어 봤다는 한 사업가가 아무리 조선 시대라고 하더라도 허 생원처럼 성공하는 게 가능하겠느냐며 웃더군요. 저도 그냥 소설일 뿐이라고 했지요. 그래도 재판은 끝까지 해 봐야 하지 않겠습니까. 채제공의 말씀대로 이승에서도 마음대로 할 수 있는 일이 없었던 몸입니다. 저승에서마저 그렇게 될 수는 없지요.

조선 후기를 엿볼 수 있는 유물들에는
어떤 것이 있을까요?

보부상 인장

보부상은 생산자와 소비자를 연결하던 조선 시대 전문 상인입니다. 보따리장수인 보상(褓商)과 등짐장수인 부상(負商), 2개의 상단으로 운영되었고 이 도장들은 보부상 조직의 일원임을 증명하는 것으로, 이것이 없으면 활동을 할 수 없었다고 합니다.

상평통보

임진왜란 이후, 상품경제가 발전하면서 동전의 주조와 유통이 서서히 일어났습니다. '상평'이란 '상시평준(常時平準)'의 준말로, 유통 가치를 일정하게 유지한다는 뜻이며 화폐의 주조는 중앙의 7개 기관과 감영 및 군영 등에서 담당하였습니다. 조선 시대에도 통화량에 따라 주전소를 늘리거나 축소하기도 하였습니다.

아스트로라브

기계 시계가 고안되기 전인 14세기에 고대와 중세의 여행자들에게 방향과 시간을 알려주던 가장 정교하고 정확한 천문시계입니다. 기원은 고대 그리스 시대라고 전하나, 본격적으로 발전한 것은 이슬람 문화에서입니다. 이러한 시계가 이슬람에서 발전한 것은 어느 곳에 있든지 메카의 신전을 향하여 매일 5번 기도를 올려야 했기 때문입니다. 이 자료는 북학파 실학자들과 교류하고, 기하학과 천문학에 조예가 깊었던 유금이 제작한 것으로 조선 시대에 만들어진 것 중에 유일하게 현존합니다.

안경

1580년, 조선에서도 안경을 쓴 사람이 있었는데 그가 바로 명나라에 사신으로 갔던 김성일입니다. 서양 문물의 수입에 관대했던 그가 귀국길에 선물로 얻어온 것으로 현재 우리나라에서 가장 오래된 안경입니다. 이후 실학자인 박제가, 정약용, 그리고 정조 임금도 안경을 썼다고 합니다.

조선 천구의

계절에 따른 별자리 모양과 시간을 알 수 있는 별자리 지도로 과거에는 '혼상'이라고 불렸습니다. 천구상의 별의 위치를 원형의 표면에 표시하고, 별자리 · 적도 · 황도 등을 기입한 것으로 현재 남아 있는 것은 도산서원의 혼상이 가장 오래된 것입니다.

천리경

천리까지를 볼 수 있다는 뜻에서 유래한 망원경입니다. 이 천리경은 1700년대에 영국에서 만든 굴절망원경으로 일본에서 수입된 것으로 서양인 선교사 로드리게스에게서 받아왔다고 합니다.

혼천전도

동양과 서양의 하늘을 한 곳에 담은 천문도로 서양 천문학의 영향을 받아 만들어졌습니다. 지구를 중심으로 하는 프톨레마이오스의 우주관과 지구 중심이지만 태양이 다른 행성들을 거느리고 지구를 도는 티코 브라헤의 우주관을 그려 넣었습니다. 조선 사람들이 가보지 못했던 남반구의 별자리에 대한 지식과 망원경으로 관찰한 태양과 달, 목성 등의 모습이 함께 그려져 놀라움을 전해주었다고 합니다.

출처: 실학박물관 http://www.silhakmuseum.or.kr

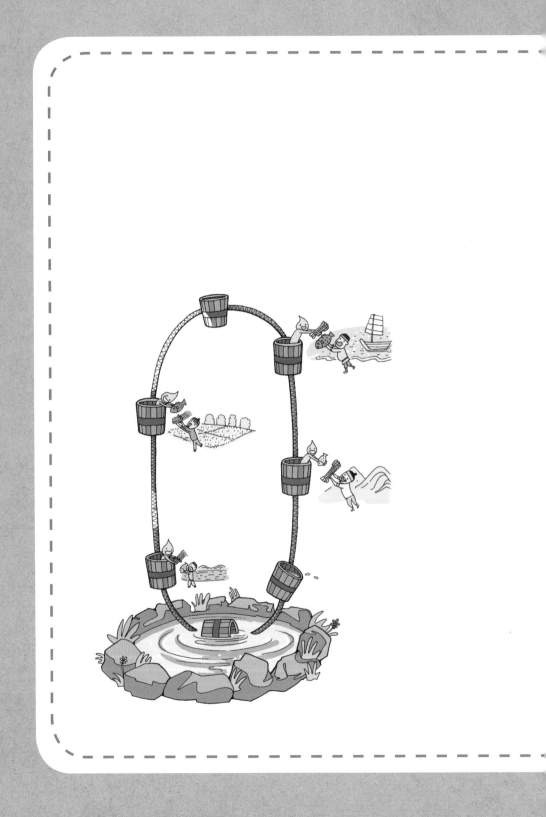

실학은 과대평가 된 것일까?

실학의 근대성

판사　다들 자리에 앉으셨으면 재판을 시작하겠습니다. 오늘은 실학의 가치, 즉 실학이 근대성을 가지고 있는지, 그리고 그것이 어떤 가치를 지니고 있는지에 대해서 논의해 보는 시간을 갖도록 하겠습니다. 우선 근대성에 대한 명확한 이해가 우선이겠죠? 지금부터 서기가 근대성의 개념에 대해서 설명하겠습니다.

서기　근대성이란 근대가 가지고 있는 특징들을 일컫습니다. 근대란 서구의 산업 혁명을 통한 과학의 발달과 그에 따른 새로운 사상들, 즉 계몽주의와 합리주의가 등장하고 사회 제도와 계층의 다변화가 이루어진 시대입니다.

판사　물론 이것이 절대적인 기준은 아닙니다만, 아마 이번 재판에서 자주 언급될 근대성에 대한 정의라고 이해하시면 좋겠습니다.

왜 박지원은 『열하일기』를 썼을까?

먼저 피고 측 증인을 소환해서 얘기를 들어 보도록 하겠습니다. 피고 측 증인은 들어오시기 바랍니다.

　법정의 문이 열리자 부리부리한 눈매의 선비가 들어왔다. 짤막한 선서를 마치고 자리에 앉은 증인에게 김딴지 변호사가 물었다.

김딴지 변호사　　이렇게 나와 주셔서 감사합니다. 간단한 본인 소개를 부탁드리겠습니다.

정약용　　정약용이라고 합니다. 소개라고 할 것까지야 없고, 그저 책을 몇 권 썼을 뿐입니다.

김딴지 변호사　　들던 대로 많이 겸손하시군요. 이제 실학에 관한 재판이 막바지로 달려가고 있습니다. 그동안 많은 주장들과 반박이 오갔는데요. 증인께서는 실학에 어떤 가치를 가지고 있다고 보십니까?

정약용　　사람들은 눈에 보이는 게 전부인 줄 압니다. 그래서 먹고 살기 힘들어지면 당장의 굶주림을 면하는 것에만 열중할 뿐, 왜 매년 굶주림에 시달리는지는 생각하지 않지요. 실학자들은 남들이 생각하지 않거나 외면한 부분에 대한 해답을 찾으려고 노력했던 사람들입니다.

김딴지 변호사　　실학은 성리학에 대한 도전이었나요?

정약용　　생각이라는 것은 칼로 딱 자르듯 여기서부터 여기까지가

계몽주의
교회와 신앙에 바탕을 둔 기존 지배자들의 사고방식을 반대하고, 사람들에게 이성과 자연, 과학에 대한 올바른 가르침을 줌으로써 사회의 발전을 이루려는 사상입니다.

합리주의
논리적인 생각에 따라 자연 현상이나 세상의 이치를 인식하거나 판단하려는 사상입니다.

다변화
다양해지고 복잡해진다는 뜻입니다.

실사구시(實事求是)
사실에 바탕을 두고 과학적, 객
관적으로 진리를 탐구하는 것입
니다.

뭐고, 그 다음은 어떤 것이다 하고 얘기할 수는 없습니다. 실학이라고 통칭되는 학문들은 시대와 학자에 따라 다양한 모습들을 보여 주었습니다. ▶실학은 성리학에 대한 도전이나 대립이 아니라 계승이라고 봐 주시면 좋겠습니다. 어쨌든 실학자들 모두 선비들이자 성리학을 배운 사람들이니까요.

김딴지 변호사   정조 대왕 사후 혹독한 탄압을 받은 실학은 자취를 감췄나요?

정약용   자취를 감추다니요. 사상은 본래 억압받고 손가락질받을수록 더 뻗어나갑니다. 저 역시 개인적으로 불행했지만, 20년에 가까운 유배 생활이 없었더라면 그렇게 많은 책들을 쓰지 못했을 겁니다. 실학은 그 후에 추사 김정희 선생을 비롯한 학자들에 의해 사상으로서 꽃을 피웠습니다.

김딴지 변호사   그것이 실사구시(實事求是) 학파라고 부르는 그 학파인가요?

정약용   그렇습니다. 눈에 보이는 사실과 객관성에 무게를 두고 진리를 찾아가자고 주장했지요.

김딴지 변호사   하지만 실학을 부정적으로 보는 측에서는 조선의 발전에 실질적인 도움이 되었는지에 대해 의문을 제기하고 있습니다. 거기에 대해서 어떻게 생각하십니까?

정약용   반드시 눈에 보이는 것만이 성과라고 할 수는 없지요. 백성들의 현실을 개선하거나 국가의 위기를 해소하기 위해 시작한 실학자들의 노력 덕분에 우리의 역사와

교과서에는

▶ 중국을 비롯한 동아시아 사회에서 성리학은 정치, 사회, 경제 생활에 있어 보편적 진리로 작용하고 있었고, 조선에서도 성리학 이외의 학문은 배척하였습니다.

강토와 언어 같은 모든 문제를 심도 깊게 연구할 수 있었지요. 북학파의 한 사람인 유득공이 쓴 『발해고』 덕분에 발해에 관한 연구가 시작되었고, 저 역시 『아방강역고』를 통해 한사군과 고조선의 위치를 밝혔습니다. 추사체로 유명한 김정희는 조선 팔도에 흩어져있는 비석들을 찾아서 일일이 기록을 남겨 놨습니다. 신경준은 〈동국여지도〉를 만들어서 우리 땅에 대한 연구의 기틀을 마련했으며 『훈민정음운해』를 지어 한글의 과학성을 증명한 바 있습니다. 이처럼 실학자들은 우리 땅과 우리 역사, 그리고 우리말에 대해서 연구했고 이는 국학 연구의 시초가 되었습니다.

김딴지 변호사　후대 사람들이 실학을 높이 평가하는 것은 그것이 가진 내재적인 가치, 즉 우리도 근대화의 갈림길에서 주체적인 변화를 시도했다는 점 때문입니다. 지금도 그 문제에 대한 연구가 진행 중입니다. 실학자의 한 사람으로서 실학이 가진 가치는 어디에 있다고 보십니까?

정약용　실학의 근대성이라는 얘기는 저도 여기에 와서야 들었습니다. 실학이 근대적, 즉 자본주의적 가치를 지녔는지에 대해서는 저도 뭐라고 드릴 말씀이 없습니다. 실학은 새로운 시대에 걸맞은 철학과 사상에 대한 고민이 만든 결과였습니다. 그것이 천금의 가치를 지녔는지, 아니면 한 푼의 값어치도 없는 잡담에 불과했는지는 모르겠지만, 저는 이 재판 자체가 실학의 존재 가치를 증명해 주고 있다고 믿습니다. 물론 조선의 성리학에서 시작된 실학이 산업 혁명

자본주의
돈이나 기계, 공장, 사무실 같은 생산 수단을 가진 자본가가 이익을 얻기 위해 생산 활동을 하는 것을 보장해 주는 사회 경제 체제를 뜻합니다.

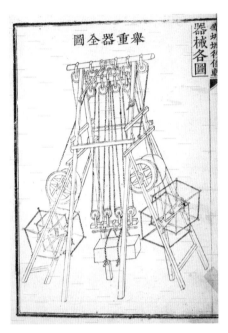

으로 싹튼 서구의 자본주의 사상과는 근본적으로 다를 수밖에 없습니다. 실학을 했던 사람들이 수공업이나 상업에 투자할 금융 자본을 마련한다든가, 기존의 수공업을 혁신시켜 서양의 산업 혁명에 맞먹을 대량 생산 체제를 이룰 기술이나 증기 기관 같은 기계를 만들어내지는 않았으니까요.

김딴지 변호사 구체적으로 말씀해 주실 수 있겠습니까?

정약용 천주교 신부인 등옥함(요아네스 테렌츠)이 명나라 숭정제 때 편찬한 『기기도설』을 참고하여 제가 만들었던 거중기가 수원 화성 건축에 사용된 것을 실학이 일

수원 화성 건축에 사용된 거중기

궈 낸 기술 혁신의 예로 드는 분들이 많습니다. 하지만 거중기는 고작 한 대만 만들어졌고 그마저도 많이 사용되지 않았습니다. 서구의 산업 혁명은 더 많은 물건을 싸게 만들고자 했던 것에서부터 시작되었습니다. 그것은 그런 물건들을 팔 수 있는 시장과 운반할 수 있는 적절한 수단이 있었기 때문에 가능했습니다. 사실 증기 기관의 원리는 이미 수천 년 전에 나왔습니다만 19세기 들어서 널리 퍼진 것은 그 시대에 증기 기관을 필요로 할 만큼 큰 시장이 존재했고 그것을 대량으로 만들어 낼 만한 자본이 있었기 때문입니다. 반면 자급자족적인 생활 방식에 폐쇄적이었던 조선은 기술 혁신을 이룰 만한 계기

나 자본을 축적할 만한 역량이 없었습니다. 결국 우리 같은 실학자들 역시 제도를 개선하고 바깥세상의 발전된 문물을 도입하자고 주장하는 데 그쳤습니다. 객주나 여각 같은 유통 체계나, 환전 객주(換錢客主) 같은 대금업자도 상인들 자신의 필요에 의해 발생하고 발전한 것이지, 저희들이 이렇다 할 영향을 준 것도 아니고요. 그러니 우리도 남들에게 뒤처지지 않았다는 증거로 실학을 언급했다면, 틀렸다고 말씀드리렵니다. 하지만 우리가 나름대로 노력했다는 것이 바로 실학이 아니었느냐고 말씀하신다면, 그건 맞다고 얘기할 겁니다.

김딴지 변호사 그러니까 타인의 평가와는 상관없이 우리 자신의 시선으로 실학의 발생과 존재 가치를 판단하라 이 말씀이시군요.

정약용 맞습니다. 제가 죽은 후 조선은 비참한 일들을 많이 겪었습니다. 오랜 고통 끝에 겨우 외세의 지배에서 벗어났지만, 이제는 나라가 두 동강이 나 버렸지요. 저는 이런 일이 벌어진 것이 사상의 부재 때문이라고 생각합니다. 우리 스스로 뭘 할 수 있는 기회를 놓친 다음부터는 물밀듯이 쏟아져 들어오는 외세의 문물과 사상을 아무런 비판과 검증 없이 받아들일 수밖에 없었습니다. 덕분에 그것이 옳고 그른지, 그리고 우리에게 필요한 것인지에 대해서 생각할 틈이 없었습니다. 후대 사람들이 실학을 소중하게 여긴 것은 이런 아픈 기억 때문인 것 같습니다. 우리가 가진 것, 그리고 그것이 주었던 희망에 대해서 말입니다.

김딴지 변호사 실학이 비록 실제로 이룩해 놓은 것이 미미하더라도 그 자체로서 가치를 지닌다는 말씀이시군요.

정약용   그렇습니다. 실학을 근대성을 지닌 자랑거리라든가 우리
가 서구에 뒤처지지 않았다는 증거로 보지 말고, 우리가 만들어 낸
새로운 학문으로 봐 주셨으면 합니다. 실학이 진짜 가치가 있다면
굳이 근대성이니 자본주의니 하는 서구의 사상과 비교할 필요가 없
지 않겠습니까?

　　정약용의 차분한 설명에 방청석의 영혼들도 고개를 끄덕거렸다.

김딴지 변호사   말씀 감사합니다. 존경하는 판사님, 그리고 방청객 여러분, 저는 사실 다산 정약용 선생의 입을 빌려 조선의 실학이 지닌 근대성을 증명하려고 했습니다. 하지만 조선의 실학이 근대성을 지니고 있는지 여부에 대해서는 만족할 만한 대답을 듣지 못했습니다. 왜냐하면 실학과 실학자들이 지닌 가치는 우리의 역사와 전통 속에서 찾아야 하지 외부의 기준과 사상에 끼워 맞출 수는 없기 때문입니다. 우리는 지난 세 번의 재판을 통해 실학의 의의와 그리고 그것이 지닌 가치가 얼마나 큰지를 놓고 입씨름을 벌였습니다. 하지만 증인의 말씀대로 이 재판 자체가 실학의 존재 가치와 의의를 증명하는 것이나 다름없다면, 저는 기꺼이 실학이 근대성을 지니고 있는지 아닌지에 대한 판단을 여러분에게 맡기겠습니다. 이것으로 신문을 마치겠습니다. 감사합니다.

　김딴지 변호사의 발언이 끝나자 방청석에서 박수 소리가 터져 나왔다.

판사　말씀 잘 들었습니다. 원고 측 반대 신문 하시겠습니까?

이대로 변호사   간단히 몇 가지만 질문하겠습니다. 증인은 실학과 실학자들이 이룩해 놓은 것은 없지만 시도 자체만으로 좋은 평가를 받아 마땅하다고 하셨는데 너무 후한 점수를 주신 것 아닙니까?

정약용   학문이라는 것은 단숨에 이루어질 수도 있고, 몇 세대에 걸쳐 이루어질 수도 있습니다. 대동법(大同法)이 전국에 걸쳐서 시행

대동법(大同法)
광해군 때부터 시작된 세금 제도인데, 각 지역에서 생산되는 특산물을 나라에 바치는 것을 중단하고 쌀, 베, 무명, 돈 등으로 바치게 한 제도입니다.

되기까지 100년의 시간이 걸렸지요. 실학도 마찬가지 아니겠습니까? 저는 씨앗을 뿌리는 마음으로 책을 쓰고 연구를 했던 겁니다.

이대로 변호사   물론 해답을 찾으려고 노력했다는 점은 부인하지 않겠습니다. 하지만 실학이 근대성을 가지고 있다는 주장은 너무 억지스러워 보입니다.

정약용   글쎄요. 제 글과 주장이 서양과 어떤 연관성이 있다는 얘기는 저도 죽고 나서 한참 뒤에 들었습니다. 후대의 학자가 저를 어떻게 평가하는지에 대해서는 제가 책임질 문제는 아니라고 봅니다만…….

정약용의 재치 있는 대답에 이대로 변호사가 입맛을 다셨다.

이대로 변호사   마지막으로 한 가지 질문만 더 드리겠습니다. 실학이 조선에 미친 실제적인 영향은 어떤 게 있을까요?

정약용   실학은 성리학과 양반만이 세상의 전부는 아니라는 인식을 선물했다고 봅니다. 물론 우리가 조선을 실질적으로 변화시키지는 못했고, 그 부분에 대한 비판은 겸허히 받아들이겠습니다.

이대로 변호사   말씀 잘 들었습니다. 이것으로 반대 신문을 마치겠습니다.

판사   알겠습니다. 증인은 돌아가셔도 좋습니다.

자리에서 일어난 정약용이 박지원에게 격려하듯 눈인사를 하고는 법정 밖으로 나갔다.

판사　　이제 원고 측 증인을 소환할 차례인가요? 그런데 외국인이
군요.

이대로 변호사　　네, 제 3자의 입장에서 객관적으로 증언해 줄 분을
증인으로 모셔 봤습니다.

판사　　뭐, 외국인은 안 된다는 법은 없으니까요. 그럼 증인은 들어
오시기 바랍니다.

　법정의 문이 열리자 큰 키에 코가 높은 외국인이 법정 안으로 들
어섰다.

산업 혁명

18세기 중엽에 영국에서 증기 기관을 비롯한 각종 기계의 발명으로 시작된 기술, 산업, 경제, 사회의 혁신적 변화를 말합니다.

산업 혁명은 석탄의 뜨거운 열을 강철이나 벽돌을 만들거나 요리와 난방에 사용하기 시작한 11세기 송나라 때의 중국이나 17세기 네덜란드에서 먼저 시작되었을 수도 있었다고 하네요. 하지만 이 나라들은 증기 기관처럼 석탄을 에너지로 사용하는 기계를 발명하지 못해서 산업 혁명에 실패했다고 합니다. 결국 토머스 뉴커먼이 발명하고 제임스 와트가 개량한 증기 기관이 영국에 처음 등장하면서 산업 혁명은 시작되었습니다.

와트의 증기 기관은 광산에 고인 지하수를 퍼내거나, 방앗간에서 밀을 빻거나, 용광로의 온도를 높이기 위해 공기를 불어넣는 일에 아주 편리하게 사용되었지요. 이런 일에는 예전 같았으면 말 수십 마리, 사람 수백 명의 힘이 필요했거든요. 그리고 19세기 초에는 증기 기관을 장착한 기차와 증기선이 발명되면서 교통이 혁신적으로 개선되어 수많은 사람들과 상품들이 먼 곳까지 아주 빨리 갈 수 있게 되었습니다. 이렇게 기계 한 대가 많은 물건을 생산할 수 있고, 또한 서로 멀리 떨어진 곳에서 생산된 상품들도 쉽고 빠르게 교환할 수 있게 되면서, 예전에는 부자들만 쓰거나 먹을 수 있었던 것들을 마음껏 누릴 수 있게 된 것이지요.

부유한 사람들이 상공업에 투자하고 가난한 농민들이 공장이 있는 도시로 몰려들면서, 시골에 대농장을 소유한 귀족들의 지배력이 흔들리게 되었습니다. 그리고 마침내 서구 사회는 상공업으로 큰돈을 번 사람들과 공장에서 일하면서 도시에서 다양한 정보와 생각을 받아들인 사람들로 큰 변화를 맞이하게 되었습니다.

와트의 증기 기관은 영국과 세계 산업 혁명을 촉진하였습니다.

실학의 의의

판사   증인은 선서해 주시고 자리에 앉아 주시기 바랍니다.

제임스 팔레   선서! 나 제임스 팔레는 신성한 법정에서 오직 사실만을 말할 것을 엄숙히 선서합니다.

판사   앉으셔도 좋습니다. 원고 측 변호인은 신문해 주시기 바랍니다.

이대로 변호사   한국말을 꽤 잘하시는군요.

제임스 팔레   감사합니다. 한국학을 연구하기 위해 한국어는 기본이지요.

이대로 변호사   증인은 조선 시대에 관한 많은 논문과 저서를 발표하셨습니다. 그중 실학에 관해서 흥미로운 언급을 하셨는데요, 간단히 설명해 주시겠습니까?

제임스 팔레　　한마디로 조선의 실학은 근대성과 거리가 멀다는 겁니다.

이대로 변호사　　어째서 그렇게 생각하십니까?

제임스 팔레　　실학자들의 주장은 여러 갈래이지만, 그들의 주장은 유교적 이상 사회로 돌아가자는 겁니다. 과거로 돌아가자는 주장이 어떻게 근대성을 내포한다고 볼 수 있겠습니까?

이대로 변호사　　음, 하긴 『열하일기』나 『북학의』에서도 요순시대나 옛 제도로 돌아가자는 주장이 여러 번 나오기는 했습니다.

제임스 팔레　　물론 그분들의 노력이나 열정을 폄하하는 건 아닙니다. 하지만 실학자들은 전면적인 개혁보다는 현 상황을 안정적으로 유지할 수 있는 방법들을 제시한 겁니다. 이것은 유교의 경세론(經世論)을 근대성에 억지로 끼워 맞춘 것에 불과하지요.

이대로 변호사　　그러니까 실학자들은 개혁가들이 아니라 오히려 보수적이라 이 말씀이시군요.

제임스 팔레　　그렇습니다. 토지 제도의 개혁이나 상업의 부흥을 주장한 실학자들이 당시 조선 사회에서는 충격적이긴 했지만, 같은 시기 서양이나 이웃나라인 일본과 청나라에 비하면 상당히 온건한 수준입니다. 근대성이라는 개념은 사실상 서구가 만들어 낸 거지요. 이는 과학이나 사상의 발달도 의미하지만 봉건 제도의 붕괴를 뜻하기도 합니다. 왕권의 제약이 사라진 다음에야 비로소 자유로운 사상들이 등장할 수 있었기 때문입니다. 하지만 조선의 실학자들은 관료 선출 제도를 개선하고 적서의 차별을 철폐하자고 주장했을 뿐, 왕이

봉건 제도
왕이 신하들에게 땅을 나누어 주고, 신하는 자신이 받은 땅과 그 주민들에 대해 권리를 가지는 제도입니다.

통치하는 봉건 제도의 근본적인 개혁을 이야기하지는 않았습니다. 조선은 전형적인 노예제 국가이자 왕과 관료가 세력 균형을 이룬 상태였지요. 개혁은 기득권층과 피지배층이 모두 공감할 만한 외부로부터의 충격이나 위기 상황, 혹은 개혁을 지속적으로 추진할 만한 세력 집단이 존재해야만 가능합니다. 하지만 조선, 특히 후기에 들어서는 왕과 신하들이 팽팽하게 대치하면서 어느 한쪽이 개혁의 주도권을 잡을 만한 상황이 아니었습니다. 물론 이런 균형과 견제가 조선을 500년 동안 유지시켰지만 말입니다.

이대로 변호사　　그렇다면 실학자들이 후대에 와서 집중적으로 연구된 까닭은 무엇일까요?

제임스 팔레　　가장 큰 이유는 조선의 멸망과 일본의 식민지가 된 것에 대해 위안을 삼기 위해서가 아닐까 합니다. 물론 우리도 할 수 있었다고 주장하고 싶은 한국인들의 심정은 이해합니다. 하지만 조선 후기 사회의 정체성을 부정하면서 실학같이 극히 일부의 현상이나 움직임을 근대성과 연결시키는 것은 말도 안 되는 일입니다.

이대로 변호사　　그러니까 후대의 어려운 상황에 대한 위안으로 실학자들을 주목했다 이 말씀이시군요. 하긴 일제 시대, 사학자이자 문인이기도 한 최남선이 1931년에 실학을 본격적으로 연구하기 시작한 이유가 바로 일본인 학자들의 식민 사학에 대항하기 위한 것이었으니까 애초부터 정치적으로 이용될 수밖에 없는 운명이었지요. 광복 이후에도 한동안 실학은 조선의 낙후성을 타파하기 위한 수단으로 이용되었고요. 즉, 실학이 계속 이어졌다면 우리도 일찍이 근대화를 이룰 수 있지 않았겠나 하는 막연한 자기 위안으로 말입니다.

이대로 변호사의 말을 듣고 있던 김딴지 변호사가 벌떡 일어나서 항의했다.

김딴지 변호사 판사님! 원고 측 변호인은 지금 실학에 대한 부정적인 선입견을 얘기하고 있습니다. 즉각 제지시켜 주시기 바랍니다.

판사 이의를 인정합니다. 원고 측 변호인은 개인적인 견해가 담긴 발언을 삼가시기 바랍니다.

이대로 변호사 알겠습니다. 다시 증인에게 질문을 드리겠습니다. 증인의 이런 주장이 한국인들에게 대단히 불쾌하게 비춰진다는 점을 알고 계십니까?

제임스 팔레 물론 저의 주장이 한국인들의 심기를 불편하게 한다는 점은 잘 알고 있습니다. 하지만 그것 때문에 눈앞에 보이는 진실을 외면하는 것은 역사에 큰 죄를 짓는 겁니다.

이대로 변호사 하긴 최근 들어서 실학의 근대성을 강조한 목소리는 점차 줄어들고 있긴 합니다. 누구든 자기 자신의 일은 냉정하게 보기 어려운 법이지요.

제임스 팔레 맞습니다. 더군다나 제 주장이 일본이 조선을 식민지로 지배하면서 얘기했던 것들과 비슷한 측면이 있기 때문에 더더욱 그럴 겁니다. 하지만 역사는 똑바로 봐야만 하는 법입니다. 외면하거나 어긋난 시선으로 보고 자기 입맛대로 판단한다면 그것은 역사에 큰 죄를 짓는 겁니다.

이대로 변호사   물론 증인은 단순히 옛날로 돌아가자는 구호 하나만 가지고 실학자들을 그렇게 규정짓는 건 아니시겠죠?

제임스 팔레   물론입니다. 제가 실학이 근대성과 아무 연관이 없고 실학자들을 개혁가가 아니라고 말하는 이유는, 그들이 어떻게 앞으로 나아가야 할지를 제시하지 않고 관념만 남은 유교적 이상 사회로의 회귀를 주장했기 때문입니다.

이대로 변호사   말씀 감사합니다. 참고로 말씀드리자면 제임스 팔레 교수님은 실학에 대한 연구를 위해 유형원 선생이 쓴 『반계수록』을 영어로 직접 번역하신 분입니다. 지금까지 실학을 바라보는 시선은 불행한 역사에 대한 보상 심리 때문에 왜곡되었지요. 즉, 변명거리를 찾기 위해 노력을 기울였고, 덕분에 보수주의자일 수밖에 없는 실학자들이 개혁을 앞장서서 추진한 지식인들이었던 것처럼 꾸며진 겁니다. 이제 자기 위안과 변명을 위한 짐을 벗어 놓고 균형 있는 연구를 통해 실학의 참모습을 규명해야만 한다고 봅니다. 이상으로 신문을 마치겠습니다.

판사   수고하셨습니다. 피고 측 변호인은 반대 신문을 하시겠습니까?

김딴지 변호사   저도 간단하게 몇 가지 질문을 드리겠습니다. 증인은 실학이 근대성을 지니고 있지 않다고 단정지었고, 그 이유로 실학자들이 미래에 대한 비전을 제시하지 않았다고 했습니다. 하지만 교수님의 논리 역시 지나치게 엄격한 잣대를 들이대고 있다는 생각은 안 드십니까?

제임스 팔레　　물론 그런 주장을 하는 학자들도 많았습니다. 하지만 실학이 근대성을 지니고 있다는 주장에 대한 반박을 위해서 그런 사례를 든 것뿐입니다. 실학은 그냥 실학일 뿐입니다. 그것을 억지로 포장하려는 시도들이 마음에 들지 않을 뿐이지, 저는 실학자들을 존경합니다.

김딴지 변호사　　증인은 미래에 대한 비전을 제시하는 대신 과거로 돌아가자고 주장했다는 이유로 실학자들이 근대성을 가지고 있지 않다고 했습니다. 하지만 근대에 등장한 모든 사상이 꼭 미래지향적이거나 개혁적인 건 아니었잖습니까? 근대 유럽에 등장한 계몽주의 사상가인 루소는 자연으로 돌아가라는 자연 회귀 사상을 전파했습니다. 그의 사상 속 어디에도 미래에 대한 비전이나 개혁에 대한 열망 같은 건 찾아볼 수 없습니다만…….

　　김딴지 변호사의 말을 들은 이대로 변호사 역시 자리에서 일어났다.

이대로 변호사　　이의 있습니다. 지금 피고 측 변호인은 부적절한 사례를 들어서 증인을 압박하고 있습니다.

판사　　인정합니다. 피고 측 변호인은 부적절한 사례를 언급해서 증인의 답변을 유도하지 마시기 바랍니다.

제임스 팔레   아닙니다. 좋은 질문을 해 주셨네요. 실학과 계몽주의 사상은 결정적인 차이를 가지고 있습니다. 실학은 제도의 개선이나 문물의 도입을 통해 체제를 유지하는 쪽에 무게를 둔 반면, 계몽주의 사상은 합리적인 정신에 입각해서 개인을 억압하는 종교와 정치를 비판했습니다. 즉, 인간을 억압하는 부조리한 사상과 체제에 대한 저항과 도전을 정당화한 것이지요. 거듭 말씀드리지만 실학과 실학자들에게 너무 많은 것들을 요구하거나 바라지 마십시오. 제가 보기에는 별 연관도 없는 서구의 사상과 비교하려는 것 자체가 실학에 대한 모욕이나 다름없으니까요.

제임스 팔레 교수의 목소리가 울려 퍼지는 동안 법정 안에는 침묵이 흘렀다. 김딴지 변호사가 판사에게 신문을 마치겠다고 얘기하고는 자리로 돌아갔다.

판사   알겠습니다. 증인은 돌아가셔도 좋습니다.

증인석에서 일어난 제임스 팔레 교수가 뚜벅뚜벅 걸어 나갔다.

판사   이것으로 모든 재판을 마치도록 하겠습니다. 잠깐 휴식을 취하고 양측의 최후 진술을 듣는 시간을 갖도록 하겠습니다. 모두 수고하셨습니다.

요순시대

고대 중국의 왕이었던 요임금과 순임금이 다스리던 시대를 말합니다. 한나라 때의 역사가인 사마천이 기원전 100년쯤에 쓴 동양 최초의 역사책 『사기』에 의하면, 요임금은 원래 중국 최초의 왕들이었던 삼황오제(三皇五帝) 중 제곡고신의 손자로서, 신동(神童)으로 태어난 뒤 왕이 되자 신하인 희화에게 별들의 운행을 관찰하여 역법(曆法)을 만들게 한 뒤 백성들이 농사를 짓는 데 활용하게 했습니다. 또한 효자로 소문이 난 순이라는 젊은이를 불러 자신의 딸과 결혼시킨 뒤 나라를 다스리는 일을 돕게 했습니다. 요임금이 죽은 뒤 신하들은 요임금의 아들 단주 대신 사위인 순을 왕으로 모시니 이분이 바로 순임금입니다.

이 두 왕들이 다스렸던 때가 중국 역사상 가장 태평했던 시대라고 하는데, 이 시대를 묘사한 「격양가」로 그 당시의 상황을 짐작해 볼 수 있습니다.

"해 뜨면 일하고, 해 지면 쉬고, 우물을 파서 마시고, 밭을 갈아서 먹는데, 왕의 덕이 내게 무슨 소용이 있는가"라는 노랫말로 이루어진 「격양가」는 당시 백성들이 정치에 관심을 가지지 않아도 되었을 정도로 백성들의 삶과 그들이 살던 사회가 풍요롭고 안정되었다는 것을 보여 줍니다. 그래서 동양의 정치인과 지식인들은 요순시대를 그들이 추구해야 할 최고의 시대라고 보았습니다.

다알지 기자

안녕하십니까, 여러분! 드디어 박지원과
심환지의 치열했던 법정 대결이 증인으로 출석
한 다산 정약용과 제임스 팔레의 증언으로 막을 내렸습니다. 팔레를
벨테브레나 하멜처럼 조선 후기의 서양인으로 오해하실 시청자들이
계실지도 모르겠습니다. 1934년에 태어나 2006년에 저승에 온 팔레
는 하버드 대학원을 졸업한 뒤 미국 워싱턴 대학교에서 한국사 교수
로 재직했으며, 성균관대학교 동아시아 학술원 원장을 지내기도 했습
니다. 저서로 『유교적 경세론과 조선의 제도들』이 있지요. 이번 재판에
서도 통역 없이 유창한 한국어 실력을 뽐내며 증언을 마무리했습니다.
오늘 있었던 마지막 재판에서도 원고 측은 팔레를 증인으로 출석시켜
실학이 후대의 필요에 따라 과장되었다고 주장하거나 그 가치와 존재
의의를 부정하려고 했습니다. 피고 측도 다산 정약용을 출석시켜 이를
반박하려 했고요. 하지만 두 증인들 모두 심층적이고 객관적인 증언을
해 주셔서 기자도 개인적으로 깊은 감명을 받았는데요, 원고와 피고의
최후 진술을 앞둔 지금, 두 분을 모시고 말씀을 들어 보겠습니다.

정약용

　정조 대왕이 저승으로 오신 뒤부터
이승에서 유배를 떠났던 저는, 이번 재판
에 출두하라는 요청서를 받았을 때 "이승에
서 했던 일들 때문에 저승에서도 평온할 수 없나 봅니다"라고 제 셋째
친형인 정약종 형님께 말씀드렸지요. 그래서, 이번에 박지원 선생이
패하셔서 실학을 했던 우리 모두가 패자들의 마을에 가게 되더라도 마
침내 제대로 쉴 수 있게 되었다고 생각하렵니다. 다만 이승에 계신 후
학들에게 말씀드리고 싶은 게 있습니다. 사람이든 사상이든 억압을 받
을수록 더 널리 뻗어 가고 더 굳세어진다는 것이지요. 몇몇 분들이 실
학을 헛일이었다고 하지만, 오히려 우리가 죽은 뒤 단단히 뿌리를 내
리면서 더욱 강한 영향을 후세에 두루 미쳤기 때문에 이런 재판까지
하게 된 것이 아니겠습니까.

제임스 팔레

정약용 선생의 말씀에 공감합니다. 1957년
부터 1년간 주한 미군에서 근무했던 게 계기이기
는 하지만, 이승에 있을 때 열정적으로 한국학에 심취
했던 진짜 이유는 바로 정약용 선생 같은 분들이 계셨기 때문입니다.
그렇다고 해서 정약용 선생을 비롯한 실학자 분들의 말씀이 근대성
을 가지고 있지 않다는 저의 의견을 부정하지는 않겠습니다. 하긴 조
선에서 왕을 중심으로 하는 체제를 개혁해야 한다고 드러내 놓고 말하
는 것은 곧 자신뿐만 아니라 일족 전체를 죽이거나 노비로 만들어 달
라는 것과 다를 바 없었을 겁니다. 다만 저도 마지막으로 후학들에게
한 말씀 드리겠습니다. 학문을 할 때, 특히 역사를 공부할 때에는 객관
적이고 냉철하게 사실을 밝혀서 다시는 그런 일이 반복되지 않도록 하
는 것을 목표로 하시라는 겁니다. 법정에서도 말씀드렸듯이 눈앞에 보
이는 진실을 외면하거나 자기 입맛대로 판단하는 것은 역사에 큰 죄를
짓는 것이니까요.

왜 박지원은 『열하일기』를 썼을까?

실학은 후대가 만들어 낸 환상에 불과하다

vs

실학은 조선의 새로운 희망이었다

판사 두 분 모두 치열한 법정 공방을 펼치시느라 수고가 많으셨습니다. 이제 양측은 최후 진술만을 남겨 놓고 있습니다. 재판을 지켜보면서 직접 하지 못했던 얘기들을 털어놓을 수 있는 좋은 기회이니만큼 마음속에 담고 있던 얘기들을 남김없이 해 주시기 바랍니다. 그럼 원고 측부터 최후 진술을 해 주시기 바랍니다.

심환지 후대 사람들은 실학자들을 위대한 선각자들이자 개혁가들로, 실학은 조선의 미래를 책임졌을 사상쯤으로 여기고 있습니다. 하지만 실학은 성리학의 한 갈래일 뿐이지요. 실학자들이 조선에 대해 애정 어린 비판을 했다는 점은 인정합니다. 하지만 후대의 학자들은 조선의 비참한 최후와 일본의 식민지였다는 기억을 지우기 위해 실학을 내세웠습니다. 우리에게도 실학이 있었고, 기회만 좋았더라면 스스로 발전할 수 있었다고 변명하기 위해서 말이지요. 그 와중에 조선과 성리학은 부당한 비난과 비판을 받았습니다.

조선은 조선일 뿐입니다. 일본의 식민지가 된 사실이 창피하고, 고리타분하게 양반 타령만 했다는 점이 눈에 거슬린다고 거짓말을 하고 진실을 왜곡해도 된다는 뜻은 아니지요. 저는 후대의 관점과 시선에 의해 부당한 비판을 받는 조선을 대표해서 이 소송을 제기했습니다. 실학과 실학자는 조선과 성리학의 일부일 뿐 새로운 사상이나 철학이 아니라는 점을 명백하게 밝혀 주셨으면 합니다.

판사　말씀 잘 들었습니다. 다음은 피고 측 최후 진술을 들어 보도록 하지요.

박지원　강을 건너 청나라에 들어서면서 저는 강한 충격을 받았습니다. 오랑캐에 야만인이라고 얕보던 중국인들은 우리보다 월등히 잘살고 풍요로웠습니다. 잘 닦인 도로에 수레를 끌고 다니는 그들을 보면서 왜 조선은 백성들을 배불리 먹이지 못하고 가난하게 살까 하는 고민을 했습니다. 그래서 조선으로 돌아와 『열하일기』를 쓰고 「허생전」을 써서 무능한 양반들을 질타했습니다. 물론 저도 양반이고 성리학을 배운 선비입니다만, 그것이 만약 문제라면 기꺼이 고치는 것이 올바른 자세라고 믿었습니다.

다만, 실학이 근대성을 품고 있다거나 자본주의로 나아갈 수 있는 길이자 열쇠였다는 주장은 실제로 그 일이 이루어지지 않았으니까 뭐라고 말씀드릴 수 없군요. 하지만 저는 실학과 실학자들이 조선이 가진 힘과 역량과 자기 반성의 결과물이라고 믿습니다. 현실에 안주

하지 않고, 좀 더 나은 세상을 만들기 위한 연구와 고민이 바로 실학의 탄생을 가져온 것이지요. 그것이 바로 실학이 가진 진정한 힘이자 가치 아니겠습니까?

판사 두 분 말씀 잘 들었습니다. 진정성이 가득 담긴 최후 진술을 듣고 있자니 제 마음도 저절로 숙연해집니다. 두 분 모두 수고하셨습니다. 이제 증인들의 증언과 여러분의 최후 진술을 토대로 최종 판결을 내리도록 하겠습니다. 이상으로 이번 재판을 마치도록 하겠습니다.

역사공화국 한국사법정 재판 번호 41 심환지 vs 박지원

주문

본 한국사법정은 조선 후기에 등장한 실학의 존재 이유와 가치에 관한 소송에 대해서 다음과 같이 판결한다. 실학은 성리학과 별도의 학문이나 사상이라고 보기는 어렵다. 하지만 조선의 문제점과 한계를 파악하고 극복하기 위해 노력했다는 점은 명백한 사실이다. 명칭상 다소 혼란을 주기는 했지만 이들이 연구한 학문을 실학이라고 부르는 데는 아무 문제가 없다. 따라서 본 한국사법정은 실학의 존재 자체를 부정하거나 후대의 필요성에 의해 과장되었다는 원고의 주장을 기각한다.

판결 이유

원고는 피고 박지원을 비롯한 실학자들이 출세에서 제외된 데 따른 불만을 실학을 통해 사회 체제에 대한 비판으로 해소했으며, 또한 실현 불가능한 주장을 되풀이했다고 발언했다. 하지만 당시 조선이 여러 가지 문제를 안고 있었던 것은 사실이며, 원고를 비롯한 지배층은 이에 대한 개선 의지가 부족했다. 따라서 제도 개혁이나 비판이 단순하게 개인 감정의 표출이라는 원고 측 주장은 일리가 없다고 판단된다.

또한 원고는 실학자들의 주장이 실천된 사례가 없었다는 점을 들어 그들의 주장이 허황되고 쓸모가 없었다고 발언했다. 하지만 개혁이나 변화를 요구한 실학자들 중 대부분이 기득권층에 속하지 않았다는 점을 감안하면 부당한 발언이라고 판단된다.

다만 성리학의 한 갈래인 실학이 서구의 근대성과 공통점이 있다는 것은 무리한 주장이라고 판단된다. 또한 조선이 스스로 발전할 수 있었다는 증거가 바로 실학이라는 주장이 후대의 필요성에 의해 제기되었다는 원고 측 주장은 일부 옳다고 판단된다. 다만 실학에 대한 연구가 일제 식민지 시대부터 본격적으로 시작되었고 식민사관의 극복을 위해 이루어졌기 때문에, 그런 경향이 한동안 지속되었다는 점을 감안해야 할 것으로 보인다.

위의 사례들을 종합적으로 판단하여 한국사법정은 다음과 같이 판결한다. 실학은 명백하게 존재했으며, 나름대로의 가치를 지니고 있다. 실학이 후대의 필요에 의해 과대평가되었다는 점은 일부 인정되지만, 그것이 실학의 존재 가치를 부정할 만한 이유가 되지는 않는다. 마지막으로 본 한국사법정은 이승의 학자들과 학생들이 부단한 연구와 토론을 통해 실학의 가치와 존재 의의에 대해 밝혀 줄 것을 권고하는 바이다.

역사공화국 한국사법정 담당 판사 정역사

"실학자들의 뜻을 기려 백탑을 세웠소!"

"세상에, 이걸 여기서 또 보게 될 줄은 몰랐네그려."

홍대용이 뾰족하게 솟은 백탑을 올려다보면서 말했다.

"그러게 말입니다. 재판에서 이긴 것만으로도 기분이 좋은데 생각지도 못한 선물을 받았습니다."

박지원이 맞장구를 치며 웃자 옆에 있던 박제가와 백동수가 따라서 웃었다. 늘 말이 없던 이덕무도 감개무량한 표정으로 백탑을 올려다봤다.

"다들 여기 계실 줄 알았습니다."

멀리서 헐레벌떡 뛰어온 김딴지 변호사의 말에 박지원이 웃으면서 말했다.

"당연하지. 그나저나 대체 이걸 누가 세워 준 건가?"

"저기 저분들이 청원을 넣어서 세운 겁니다."

김딴지 변호사가 멀찌감치 서 있는 영혼들을 가리켰다. 무심코 고개를 돌린 실학자 영혼들은 심환지를 비롯한 선비들의 영혼을 보고 얼굴을 굳혔다.

"저들이 백탑을 세워 달라고 청원했단 말인가?"

홍대용이 믿기지 않는다는 얼굴로 말하자 김딴지 변호사가 고개를 끄덕거렸다.

누가 실학을 위해서 백탑을 세웠담?

원고 심환지가 이제라도 실학의 업적을 인정한다는 뜻으로 세웠다는군.

박지원~, 재판에서 패배했으나, 이제라도 실학의 정신을 알게 되었으니 다행으로 여기겠네.

"정확하게는 심환지가 요청했습니다. 그리고 이 말씀을 전해 달라고 하시더군요. 이승에서는 여러 가지 얽혀 있는 게 많아서 부득이하게 등을 돌렸지만, 더 이상 저승에서까지 다툴 필요가 없지 않겠느냐는 겁니다. 소송까지 건 것은 미안하게 생각하지만, 반드시 필요한 일이었으니 양해해 달라고 말입니다."

"그랬다면 애당초 소송을 걸 필요가 없지 않았습니까? 필시 무슨 꿍꿍이속이 있는 게 틀림없습니다."

백동수가 괄괄한 목소리로 얘기하자 정약용이 고개를 저었다.

"그의 말이 맞네. 여기까지 와서도 고집을 부리는 영혼들이 적지 않았는데, 이번 재판 결과로 인해서 어느 정도는 승복할 테니까 말이야. 괜찮으면 와서 환담이나 좀 나누자고 전해 주겠나?"

정약용의 말에 김딴지 변호사가 고개를 저었다.

"안 그래도 그렇게 얘기했는데, 이대로 헤어지는 게 좋겠다고 하더군요. 패자들의 마을에 사는 영혼들은 승자들의 마을에 오래 머물 수 없다고 말입니다."

"그럼 고맙다는 말을 꼭 전해 주게."

"알겠습니다."

김딴지 변호사가 총총걸음으로 달려가 말을 전하자, 심환지는 실학자들을 향해 잘 있으라는 듯 손을 흔들었다.

다산 정약용의 생가 여유당과
실학박물관

경기도 남양주시에는 다산 정약용 선생의 생가인 여유당과 실학박물관이 자리하고 있습니다. 18세기 실학사상을 집대성한 실학자인 정약용은 개혁과 개방을 통한 부국강병을 주장한 개혁가라 말할 수 있습니다.

다산 정약용 선생은 이 마을에서 태어나 조선의 개혁을 시도하였으나, 오랜 유배 생활 끝에 결국 고향인 이곳에서 숨을 거두었습니다. 그는 유배 생활 동안『목민심서』,『경세유표』등 많은 저서를 남겨 조선 후기 최고의 실학자로 평가받고 있지요.

유적지는 그의 생가인 여유당(與猶堂)과 선생의 묘, 다산문화관과 다산기념관 등으로 구성돼 있습니다. 다산문화관에는 그가 남긴 많은 저서들에 대한 소개가 있으며, 다산기념관에는 수원성 축조 과정에 쓰였던 거중기, 녹로, 그리고 유배 생활을 했던 강진 다산초당의 축소 모형 등을 전시하고 있습니다.

최근에는 다산길로 불리는 남양주 둘레길이 만들어져 가족들과 나들이 길로도 인기를 누리고 있지요. 둘레길로 이어지는 길목에는 새소리명당길이 나 있는데, 차로도 갈 수 있고 자전거로도 갈수 있어 다산 유적지의 여운을 즐길 수 있습니다.

　한편, 다산 정약용 생가 탐방 중 놓칠 수 없는 곳이 바로 실학박물관입니다. 실학자들의 정신을 기린 실학박물관에는 실학자들이 남긴 소중한 문화유산이 보존돼 있으며, 어린이 실학 캠프, 실학 여행 등 다양한 문화 교육 프로그램도 운영되고 있어 실학의 중요성을 알리는 교육의 장이 되고 있습니다.

찾아가기　여유당 경기도 남양주 조안면 능내리 27-1번지
　　　　　　국철 중앙선 덕소역, 도심역, 팔당역 하차 → 일반버스 2000-1, 2000-2, 8,
　　　　　　167번 환승 → 다산 유적지 입구 하차 → 도보 약 30분(둘레길 구간)
　　　　　　실학박물관 경기도 남양주시 조안면 다산론 747번길 16번지

다산 정약용 선생 상

실학박물관

『역사공화국 한국사법정 41 왜 박지원은 『열하일기』를 썼을까?』와
관련한 논술 문제를 풀어봅시다.

※ 다음 제시문을 읽고 물음에 답하시오

(가) 그렇지만 이 마을에 와서 살 사람들은 여기서 생산되는 것만으
로는 살 수 없다. 다른 마을 사람들도 그렇듯이 사람들은 서로
협동하고 살아야 한다. 그래서 아빠는 무공해 체험 마을을 만들
었다. …(중략)… <u>공해가 없는 유전 공학이나 농산물 연구를 위해
지은 연구소는 학자들이 단지 학문을 연구하는 데만 만족하지
않고 그 연구의 결과가 사람들의 생활에 보탬이 되도록 하는 이
용후생에 주요 목적을 둔 것이라고 한다.</u>

『박지원이 들려주는 이용후생 이야기』 중에서

(나) 실학은 제 1기(18세기 전반) 경세치용 학파, 제 2기(18세기 후반)
이용후생 학파, 제 3기(19세기 전반) 실사구시 학파로 나뉘어요.
제 1기 경세치용 학파는 이익을 주류로 하여 토지 제도 및 행정
기구와 기타 제도를 바꾸는 데에 노력한 학파에요. 이익은 청나
라를 통해서 들어온 서구의 자연과학 및 가톨릭 사상을 비판적
으로 받아들였어요. 게다가 천문, 지리, 역사, 제도, 풍속, 군사에

이르기까지 광범위한 문제를 다룬 『성호사설』을 써서 자신의 개혁론을 펼쳤어요.

　제 2기 이용후생 학파는 상공업을 통해 발생하는 물건을 사람들에게 전달하거나 더 좋은 물건을 만드는 기술을 기르는 데에 힘써야 한다고 주장한 학파에요. 이용후생 학파는 박지원을 중심으로 하여 청나라의 앞선 기술과 문물을 직접 눈으로 보고, 이를 적극적으로 받아들이자는 북학을 주창하여 '북학파' 라고도 불렀어요.

　제 3기 실사구시 학파는 경전의 내용을 밝히는 학파로서 이 책의 주인공인 김정희에 이르러 독자적인 체계를 이루었어요.

『김정희가 들려주는 실사구시 이야기』 중에서

1. 제시문 (가)의 밑줄 내용과 제시문 (나)의 정보를 이용하여, 제시문 (가)의 아빠가 학문하는 이유에 대해 적어 보시오.

※ 다음 제시문을 읽고 물음에 답하시오

가) 유형원의 균전론

　토지는 천하의 큰 근본이다. 큰 근본이 확립되면 온갖 법도가
따라서 잘되어 하나라도 마땅하지 않은 것이 없다. 만일 큰 근본
이 문란해지면, 온갖 법도가 따라서 문란해져 하나라도 마땅한 것
이 없을 것이다. …(중략)… 무릇 백 보를 1무라 하고, 백 무를 1경
이라 하고, 4경을 1전이라 한다. 농부 1명 당 농지 1경을 받게 하
고 법규에 따라 세금을 받으며, 농지 4경 당 병사 1명을 내게 한
다. 관리로서 관직에 있을 때는 9품 이상 7품까지는 6경 씩 주고,
품계가 높아질수록 1경 씩 더해 주어 정2품이면 12경을 주고 병
역을 면제한다. …(중략)… 토지를 받은 자가 죽으면 토지를 국가
에 반납하되, 자손이 물려받을 수 있는 자는 당연히 그 토지를 받
고, 남은 토지는 타인이 받게 한다.

유형원, 『반계수록』 중에서

나) 이익의 한전론

　내가 일찍이 깊은 생각 끝에 한 방법을 얻었는데 …(중략)…우
선 국가에서 한 집의 살림을 요량하는 것이 마땅하다. 전지 몇 마
지기를 한정하여 한 호(戶)의 영업전으로 만들어 당의 조세 제도
와 같이 한다. 많은 자의 것을 줄이거나 빼앗지 말고, 모자라는 자
에게도 더 주지 않는다. 돈이 있어 사고자 하는 자는 천백 결이라

도 다 허가하며, 전지가 많아 팔고자 하는 자도 역시 영업전 몇 마지기 이외에는 모두 허가한다. 과해도 팔기를 원하지 않는 자는 강요하지 말며, 모자라도 사지 못하는 자는 독촉하지 않는다. 오직 영업전 몇 마지기 이내에서 매매하는 자가 있으면 여러 곳을 살펴 산 자에게는 남의 영업전을 빼앗은 죄로 다스리고, 판 자에게도 역시 몰래 판 죄로 다스린다. 산 자에게는 산 값을 논하지 말고 전지를 되돌려 주도록 하며, 또 전주는 자신이 관아에 고하여 면죄한 다음 자기의 전지를 되찾도록 한다. …(중략)… 이와 같이 하면 균전의 제도도 점차 완성될 것이다. 빈호(貧戶)는 당장 살림이 다 없어지는 걱정을 면하게 될 것이니 참으로 좋아할 것이며, 부호(富戶)도 비록 파산을 했을망정 영업전은 그대로 있게 되니 뒷일을 걱정하는 부자 역시 좋아할 것이다. 이와 같이 하면 시행하기도 쉬울뿐더러 반드시 효과도 있을 것이다.

이익, 『성호집』 중에서

다) 박지원의 한전론

오늘날 조상으로부터 물려받은 땅을 능히 지켜 타인에게 팔아 먹지 않는 사람은 얼마 되지 않고, 매년 토지를 팔아먹는 사람이 열에 일곱 여덟 정도가 됩니다. 이로 보아 재산을 모아 토지 소유를 증대시켜 가는 자의 수효도 알 만합니다. 만약 "모년 모월 모일 이후 제한된 면적을 초과해 있는 자는 더 이상 소유할 수 없다. 이 법령이 시행되기 이전부터 소유한 것에 대해서는 불문에 붙이고,

자손에게 분배해 주는 것은 허락한다. 사실대로 고하지 않고 숨기 거나 법령 공포 이후 제한을 넘어 토지를 소유한 사람은 백성이 적발하면 그 토지를 백성에게 주고, 관에서 적발하면 몰수한다" 라고 법령을 세워 보십시오. 이렇게 한다면 수십 년이 못 가서 전 국의 토지 소유는 균등하게 될 것입니다.

박지원, 『연암집』 중에서

라) 정약용의 여전론

정약용은 『전론』에서 여전제를 주장한다. 여전제는 토지 소유 의 불평등을 유발하는 토지 사유를 우선 부정한다. 토지의 국유화 를 원칙으로 하고 30가구를 1여로 하여 공동으로 노동하고 공동 으로 경작한다. 그리고 투입되는 노동력을 기준으로 생산물을 나 눈다. 이러한 여전론은 실효를 거두게 하기 위해서 여내 농민의 자유로운 이동을 보장하고 그동안 관직에 나아가지 않으면서 농 사도 짓지 않는, 즉 아무것도 하지 않았던 선비들에게 실생활에 필요한 직업으로의 전환을 유도하고자 했다. 여전론은 토지의 공 동 소유와 공동 경작을 통해 평등 사회를 희망하였고 일하는 만큼 가져가는 상대적 평등을 실현하려는 의지의 표현이었다.

2. 유형원의 균전론(均田論), 이익의 한전론(限田論), 정약용의 여전론(閭田 論)과 정전론(井田論), 박지원의 한전론(限田論)은 각각의 실학자들이 주

장한 토지 개혁론을 말한다. 다음 제시문을 읽고 당시 시대적 상황과
관련해 그 특징을 논술하시오.

해답 1 제시문 (가)의 아빠는 연구소를 건설하고 무공해 체험 마을
을 만들어서 사람들의 생활에 도움을 주고 있습니다. 자신이 오랫동
안 연구해 온 학문을 책에만 담아 주는 것이 아니라 몸소 보여주는
좋은 사례라고 생각합니다. 조선시대 성리학자들은 실제 서민들의
생활과 동떨어지거나 당장 생계를 꾸려나가야 하는 사람들에게 뜬
구름 잡은 이야기를 하는 것처럼 느껴집니다. 그러나 제시문 (가)와
(나)에 나와 있는 이용후생은 학문을 학문 자체로 놔두는 것이 아니
라 사람들의 실생활에 이용할 수 있도록 만드는 학문을 해야 한다는
것입니다. 제시문 (가)의 아빠도 공부를 통해 얻은 지식을 실생활에
서 이용하여 사람들의 삶을 윤택하게 만들고 있습니다.

해답 2 유형원의 균전론은 사유의 토지를 국유제로 전환하는 것이다. 토지 국유제 하에 국가 권력으로 농민들에게 토지를 균등하게 나누어 준다. 그러나 문제는 사농공상의 신분에 따라 그 지급에 차등을 둔 것이다. 유형원은 토지의 균등한 분배를 통해 자영농을 육성하고 민생을 안정시키며 국가 재정의 확충을 꾀하였으나 그것은 너무 이상적인, 말 그대로 꿈에 불과했다. 본래 토지 개혁은 일하지 않는 양반이 토지를 소유하고 있는 것에 반대하여 땅을 농민에게 돌려주어 삶의 기반을 탄탄히 해 주자는 의미로 시작되었다. 그러나 사농공상의 차등은 이러한 기본 전제를 무시했으므로 설득력이 떨어진다.

이익은 토지 소유의 하한선을 규정하자는 한전론을 주장하였다. 한 집마다 영업전이라는 최소한의 토지를 남겨두어 소농민의 몰락을 방지하고자 했다. 그리고 현재 영업전보다 많이 가진 사람은 팔기만 하고 적게 가진 사람은 사기만 할 수 있기 때문에 결과적으로 토지 소유가 균등해질 것으로 전망하였다.

박지원은 토지 소유의 상한을 법으로 정하고, 상한 이상의 새로운 토지 매입은 엄금해야 한다고 주장하였다. 다만 이전에 사들인 토지가 상한선을 넘는 것은 인정하였고 그것이 수년이 흐르면 매매와 분할 상속을 통해 나라 안의 토지 소유가 균등하게 된다고 내다봤다. 박지원의 한전론은 점차적인 방법으로 토지 소유의 균등을 지향하고 있어 실현 가능성이 높아 보인다. 그러나 상한선에 대한 구체적인 언급이 없다. 그리고 그 상한선에 따라 효과가 달라진다는 문제가 남는다. 즉 상한선이 높게 책정될 경우 소유의 분산에 아무런 영향을 미치지 못한다는 것이다.

정약용은 『전론』에서 마을 단위의 토지 공동 소유와 공동 경작, 공동 분배의 여전론을 제안하였다. 구체적으로 30호를 1여로 하여 토지를 공동으로 경작하여 생산에 차여한 노동량을 근거로 분배한다. 그런데 그 여에 속하는 양반들도 생산물을 가져가기 위해서는 일을 해야 한다. 그래서 여전론은 당시 조선 사회에서 받아들여지기는 힘들었다. 정약용은 다시 정전론을 제안하였다.

정약용의 정전론은 이미 중국에서 실시한 제도로 토지의 한 구역을 정(井)자로 9등분하여 8호의 농가가 경작하고 가운데 한 구역을 공동으로 경작하여 그 수확물을 국가에 바치는 제도이다. 그러나 현실적으로 인구의 수가 일정하지 않으며 산이 많고 고르지 못한 조선의 토지 특성상 시행하기에는 어려움이 있었다.

출처: 『박지원이 들려주는 이용후생 이야기』 『아비투어 철학 논술 5권』
* 해답은 예시로 제시된 내용입니다.

왜 박지원은 『열하일기』를 썼을까?

역사공화국 한국사법정 41

왜 박지원은『열하일기』를 썼을까?

ⓒ 정명섭 장웅진, 2012

초판 1쇄 발행일 2012년 1월 20일
초판 5쇄 발행일 2021년 5월 4일

지은이   정명섭 장웅진
그린이   이일선
펴낸이   정은영

펴낸곳   (주)자음과모음
출판등록 2001년 11월 28일 제2001-000259호
주소   (04047) 서울시 마포구 양화로6길 49
전화   편집부 (02) 324-2347 경영지원부 (02) 325-6047
팩스   편집부 (02) 324-2348 경영지원부 (02) 2648-1311
이메일   jamoteen@jamobook.com

ISBN 978-89-544-2341-0 (44910)

과학공화국 법정시리즈 (전 50권)

생활 속에서 배우는 기상천외한 수학·과학 교과서!
수학과 과학을 법정에 세워 '원리'를 밝혀낸다!

이 책은 과학공화국에서 일어나는 사건들과 사건을 다루는 법정 공판을 통해 청소년들에게 과학의 재미에 흠뻑 빠져들게 할 수 있는 기회를 제공한다. 우리 생활 속에서 일어날 만한 우스꽝스럽고도 호기심을 자극하는 사건들을 통하여 청소년들이 자연스럽게 과학의 원리를 깨달으면서 동시에 학습에 대한 흥미를 가질 수 있도록 구성하였다.

철학자가 들려주는 철학 이야기 (전 100권)

아이들의 눈높이에 맞춘 철학 동화!
책 읽는 재미와 철학 공부를 자연스럽게 연결한 놀라운 구성!

대부분의 독자들이 어렵게 느끼는 철학을 동화 형식을 이용해 읽기 쉽게 접근한 책이다. 우리의 삶과 세상, 인간관계에 대해 어려서부터 진지하게 느끼고 고민할 수 있도록, 해당 철학 사조와 철학자들의 사상을 최대한 풀어 썼다.

이 시리즈의 가장 큰 장점은 내용과 형식의 조화로, 아이들이 흔히 겪을 수 있는 일상사를 철학 이론으로 해석하고 재미있는 이야기로 담은 것이다. 또한 아이들의 눈높이에 맞는 쉽고 명쾌한 해설인 '철학 돋보기'를 덧붙였으며, 각 권마다 줄거리나 철학자의 사상을 상징적으로 표현한 삽화로 읽는 재미를 더한다. 철학 동화를 이끌어가는 주인공을 형상화하고 내용의 포인트를 상징적으로 표현한 삽화는 아이들의 눈을 즐겁게 만들어준다. 무엇보다 이 시리즈는 철학이 우리 생활 한가운데 들어와 있고, 일상이 곧 철학이라는 사실을 잘 보여준다. 무엇보다 자기 자신을 극복한다는 것, 인간을 사랑한다는 것, 진정한 인간이 된다는 것, 현실과 자기 자신을 긍정한다는 것 등의 의미를 아이들의 시선에서 풀어내고 있다.